AF717440

Mein WALD-GARTEN

LAURA SOPHIA MÜLLER

Mein WALD-GARTEN

INSPIRATIONEN für ein natürliches Paradies

Mit Fotos von
Bernd Müller

KNESEBECK

Inhalt

GESCHICHTEN TRAGEN UNS. Sie unterhalten uns, bestärken uns in dem, was wir tun wollen, erklären uns die Vergangenheit und bilden unseren sicheren Boden, auf dem wir Halt finden. Geschichten erzählen uns die Vergangenheit, übertragen altes Wissen und ermöglichen uns so ein Fortführen oder bewusstes Verändern unseres Tuns. Sie können lange zurückliegen oder erst vor wenigen Augenblicken geendet haben, manche wiederholen sich Jahr für Jahr, andere beschreiben einen nicht wiederkehrenden Augenblick. Das Erzählen von Geschichten bedeutet auch immer, einen Teil von sich selber preiszugeben. Je öfter sie erzählt werden, umso mehr werden sie zu einem Teil von uns oder wir ein Teil von ihnen. Als Familie erleben wir eine Menge Geschichten, die wir uns immer wieder erzählen oder zu anderen weitertragen. Dieses Netz an Geschichten ist es, das uns in Wintermonaten mollig warm einpackt, das uns im Frühjahr Auftrieb gibt und im Sommer erfrischende Momente beschert. Dieses Netz hält zusammen. Wer dazugehören will, muss mit dem Erzählen beginnen.

TEIL 1

Alles über den Waldgarten

Ein Stück von dir

Was ist ein Waldgarten?

Vom Apfelmus und Kuchenbacken

Als Kind habe ich gespannt den Geschichten meiner Großmütter gelauscht. Sie haben von »Früher« erzählt – wie es war, als sie klein waren, was sie gespielt haben, was sie in der Schule erlebten und wie es bei ihnen zu Hause war. Eine meiner Großmütter verwaltete mit ihrem Mann einen Gutshof. In ihrem Garten wuchsen die verschiedensten Obstbäume. Zwetschgen, Äpfel, Birnen, Kirschen – die alle im Sommer und Herbst abgeerntet werden mussten. Ich kenne meine Großmutter nur in gelber Schürze, wie sie am Herd steht und Apfelmus einkocht oder Kirschen entkernt, Obst und Gemüse einfriert oder daraus einen Kuchen backt. Wenn wir Kinder sie besuchten, gingen wir in den Keller, wo sich zwei riesige Gefriertruhen den Vorratsraum teilten. Wir wählten zwischen Apfelmus und Pfirsichkompott zum Milchreis oder zwischen Spinat und Zucchini für die Nudelsoße und holten auf dem Rückweg noch einen Salat aus dem Beet, ernteten Gurken oder Tomaten.

Für meine Großmutter war der Garten unersetzlich. Er bot ihr Sicherheit und Unabhängigkeit; für mich aber war es immer der Boden für Geschichten von früher. Heute, wenn ich in ihrem Garten stehe, fallen mir all diese Geschichten wieder ein und ich erzähle sie meinen Kindern. Ich habe sie aus dem Raum Frankfurt mitgenommen; in der Nähe von München wurden sie von mir neu verwurzelt. Dass ich selber einen eigenen Gemüsegarten brauchte, erklärt sich im Grunde von selbst. Ich wollte nicht nur die Geschichten weitererzählen, sondern das Erzählte auch selber ausprobieren, verbessern oder belassen; und ich wollte das Wissen an meine Kinder und Freunde weitergeben.

Als meine Kinder klein waren, habe ich mit ihnen jeden Tag im Garten gestanden. Wir haben Laub gerecht, Sträucher zurückgeschnitten und Beete angelegt. Mir war es wichtig, etwas zu tun, während meine Kinder selber etwas taten.

Mal haben sie mitgemacht, mal spielten sie etwas anderes, aber sie sahen mir zu und lernten, wie man einen Garten pflegt. Über die Jahre hinweg ist unser Garten zu dem geworden, was er ist. Nach und nach ist er gewachsen, hat sich immer wieder verändert und sich unseren Bedürfnissen angepasst.

Ideen in der kalten Jahreszeit

Bis heute liebe ich es, in den Wintermonaten in Gartenbüchern zu stöbern und Pflanzpläne zu entwerfen. Vor allem suche ich nach neuen Ideen, die ich ausprobieren kann, um noch natürlicher zu gärtnern. Biologischer Gartenbau, bodenschonende Arbeitsweise und ein optimiertes Zeitmanagement sind heute Grundvoraussetzungen für meine Arbeitsweise, die ich mir in den vergangenen Jahren immer weiter aneignete, ausprobierte – oft aufgrund von Erzählungen von anderen Gartenliebhabern.

Auch meine Kindheit in Hessen fand in der Natur statt. Draußen im Wald, auf den Feldern, aber vor allem in unserem

Garten. Ich hatte mein eigenes Beet, in dem ich Radieschen säte und Salat pflanzte. Mit meinem Vater bastelte ich Frühbeete aus alten Holzfenstern, und meiner Mutter schaute ich über die Schulter, wenn sie die Rosen zurückschnitt oder die Himbeeren auslichtete. Wir Kinder sammelten Nacktschnecken ein, damit sie unseren Salat nicht fraßen, rechten das Laub im Herbst zusammen und sammelten Esskastanien. Wir konnten es kaum erwarten, dass der Holunder blühte und es Holunderküchlein gab. Alles, was der Garten hergab, wurde verwertet. So war es selbstverständlich, dass im Sommer Himbeer- und Erdbeermarmelade gekocht werden musste, dass Ringelblumen und Kamille sowie sämtliche Kräuter getrocknet wurden und dass im Oktober Äpfel gestoppelt und zur Kelterei gebracht wurden, sodass Apfelsaft und später Apfelwein daraus gemacht werden konnten.

Liebe auf den ersten Blick

In unserer ersten Wohnung verliebte ich mich zunächst vor allem in den Garten – der zu dem Zeitpunkt noch einem brachliegenden Acker und einer Müllhalde glich. In Gedanken hatte ich ihn schon entrümpelt, Rasen gesät und Sträucher und Rosen an die Seiten gepflanzt. Sobald wir mit unserem Umzug fertig waren, begann ich damit, meine Gedanken in die Tat umzusetzen. Innerhalb weniger Wochen war der Vorgarten grün und blühte.

Im Laufe der Zeit wurde die Wohnung für die wachsende Familie zu klein. Es zog uns raus ins Grüne. Wieder war es ein Garten, in dem eine über zweihundert Jahre alte Blutbuche stand, der mir die Entscheidung abnahm. Meine Gedanken standen nicht mehr still. Endlich würden wir einen eigenen großen Garten haben. Ich würde Gemüsebeete anlegen, Beerensträucher pflanzen, Erdbeerbeete mit den Kindern anlegen und all das ausprobieren, was ich von den alten und neueren Geschichten wusste. Hier beginnt mein Leben als Gärtnerin. Die Geschichte der Waldgärten begann viel früher.

Die Waldgartenbewegung

WALDGÄRTEN GIBT ES seit Beginn unserer Siedlungsgeschichte. Seitdem der Mensch sesshaft wurde, legte er in kleinen Wäldern Beete an, um sein eigenes Gemüse anzupflanzen. Der humusreiche Boden und der Schutz, den die Bäume und Sträucher gegen Wind, Sonne und Kälte boten, ermöglichten ihm ein natürliches Gärtnern.

Seit jeher wandte man diese Form der Anbaumethode hauptsächlich in tropischen Regionen an. Auf diese Weise wurde auch der Boden vor dem Austrocknen und Auslaugen geschützt. Mit einem Schädlingsbefall war im Wald ebenfalls kaum zu rechnen, weil die Natur im Gleichgewicht blieb.

Robert Adrian de Jauralde Hart

Ein Pionier auf dem Gebiet des Waldgärtnerns in hiesigen Breitengraden war der Brite Robert Adrian de Jauralde Hart. Nach Ende des Zweiten Weltkriegs machte er es sich, gemeinsam mit seinem kranken Bruder, auf einem kleinen Bauernhof gemütlich. Auf natürliche Weise wollte er dort Gemüse, Obst und andere Pflanzen anbauen, merkte aber bald, dass er die Arbeit nicht bewältigen konnte. Nach und nach erkannte er, dass das Bewirtschaften eines Waldgartens auch für gemäßigte, kühlere Regionen eine Lösung war, und er begann damit, die Idee weiterzuentwickeln. So entstand über die Jahre hinweg auf fünfhundert Quadratmetern ein Modellwaldgarten.

»Wir Menschen stammen aus dem Wald, wir sind mit den Anbaumethoden vertraut und müssen uns heute nur wieder daran erinnern.«

Robert Adrian de Jauralde Hart

Sieben Wachstumszonen bilden gemeinsam einen Waldgarten: Bäume (1), Halbstämme (2), Sträucher (3), Stauden und Gemüsepflanzen (4), Humusschicht (5), Bodendecker (6) und Kletterpflanzen (7).

Dabei bildeten die verschiedenen Wachstumszonen des Waldes die Grundlage seiner Überlegungen, aus denen die Idee der sieben Wachstumszonen entstand, die auch Grundlage dieses Buches ist.

Hart erkannte, dass seine Art der bewaldeten Flächennutzung auch in Zukunft von Bedeutung sein könnte. Von Stadtwäldern spricht er, die entstehen könnten, an den Stellen, an denen klassischer Wald aufgrund industrieller Nutzung oder zunehmender Bevölkerungsdichte nicht mehr existieren kann. Seine Ideen blieben nicht unbemerkt. Rasant steigende Bevölkerungszahlen, Landverdichtungen und klimatische Veränderungen sind Grund dafür, dass der Waldgarten an Aktualität gewinnt und immer mehr Menschen allein schon von der Idee her überzeugt.

Masanobu Fukuoka

Harts Vorbild war der japanische Mikrobiologe und Agrarwissenschaftler Masanobu Fukuoka, der das Ziel verfolgte, vom Austrocknen bedrohte Regionen wieder fruchtbar zu machen. Hierzu entwickelte er die sogenannten Samenbomben; kleine Lehmkugeln, in denen die Samen schlummern; Trockenheit und Hitze machen ihnen aufgrund ihrer harten Schale nichts aus. Nach dem Zweiten Weltkrieg nutzte Fukuoka diese Direktsaatmethode für das Ansäen von Reis. Ein Pflug wurde hierzu nicht benötigt. Wir kennen die Samenbomben hier bei uns vor allem aus dem Guerilla Gardening. Nach dem Auswerfen wachsen schon bald Sonnenblumen, Ringelblumen, Kamille …

Selber bewirtschaftete Fukuoka eine Zitrusplantage auf der Insel Shikoku. Aufgrund eigener Erfahrungen wurde er zu einem strikten Gegner der modernen Agrarwissenschaft und forderte eine Hinwendung zur natürlichen Landwirtschaft. Seine Methode bezeichnete er gerne als »Nichts-tun-Landwirtschaft«. Damit meinte er keinesfalls, dass gar nichts getan werden soll. Fukuoka forderte damit eher, dass in der Landwirtschaft nichts Unnötiges getan werden soll. Er vertrat die Meinung, dass die Natur zur Selbsterhaltung nicht auf die menschliche Hilfe angewiesen ist. Erst durch das Eingreifen des Menschen in die Natur wird das ökologische Gleichgewicht gestört. Schädlingsbefall oder gar ausbleibende Ernten, die das menschliche und tierische Überleben gefährden, führt er auf Fehlverhalten durch den Menschen zurück.

Als betagter Mann bereiste er die Welt und wirkte vor allem in allerlei erfolgreichen Projekten mit, die die Wiederbelebung von Wüstengebieten fokussierten. Er gilt als wichtiger Wegbereiter der ökologischen Landwirtschaft und der Waldgartenbewegung.

»Viel erreichen durch Nichtstun«

Kindheits-erinnerungen

Trete ich aus unserem Haus, stehe ich in meinem Waldgarten, einem Traum, den ich an den unterschiedlichsten Orten immer wieder verfolgt habe. Nachdem ich die Phase überwunden hatte, in der ich Opernsängerin werden wollte, und viele Jahre bevor ich überlegte, evangelische Theologie zu studieren, konnte ich mir nichts Schöneres vorstellen, als Gärtnerin zu sein. Meine Mutter erkannte mein Interesse rasch, und ich erhielt mein erstes eigenes Beet, das etwa ein Viertel unseres Gemüsegartens ausmachte. Radieschen, Salat, Ringelblumen und Kamille wuchsen dort im ersten Jahr. Im Folgejahr baute mein Vater mir ein Frühbeet aus alten Brettern, die noch von der Renovierung unseres Hauses übrig waren, und ich freute mich, dass meine Salatköpfe nun schneller wuchsen und größer wurden.

Offene Erdstücke, die über den Sommer hinweg immer tiefere Risse bekommen, gab es in unserem Garten nicht. War etwas unbepflanzt, rissen wir etwas Gras aus und streuten es darüber. Dass Rhabarber, Bauernhortensie und Rittersporn im Gemüsegarten wuchsen, dass der Salat unter den Himbeersträuchern, neben dem Knoblauch kräftig gedieh, sah natürlich schön aus, ich erfuhr aber auch bereits, dass die großen Pflanzen als wunderbarer Sonnenschutz für die kleineren Gewächse dienten und dass darum der große Kirschbaum, der Teile des Gemüsegartens ab Mittag überschattete, nicht störte, sondern gerade am richtigen Ort stand.

Wenn ich mich an unseren Garten zurückerinnere, dann sehe ich eine kleine Wildnis. Große und kleine Gewächse wechseln sich ab. Bodendecker und rankende Klematis türmen sich übereinander. Stauden und Rosensträucher, Obstspaliere und Holundersträucher: Sie alle wachsen und blühen und schaffen ein natürliches Paradies.

Darf ich vorstellen, mein Waldgarten

DAS VERTRAUEN IN DIE NATUR und ihre Fähigkeit, sich selber zu versorgen, ist im Laufe der letzten Jahrzehnte immer mehr in den Hintergrund gerückt. Wachstum, höhere Erträge und Effizienz haben auch in unsere Gärten Einzug gehalten, wobei die Kosten für die Instandhaltung dieser Gärten eklatant in die Höhe geschnellt sind. Künstliche Garteninseln sind entstanden, die nur mit aufwendigen Bewässerungsanlagen, Unkrautvernichtern und einem stetigen, strengen Rückschnitt den Garten am Leben erhalten. Mit Umweltschutz, Natürlichkeit, biologischem Gärtnern und einer fairen Teilung des Gartens mit der heimischen Tier- und Pflanzenwelt hat dies nichts zu tun. Angesichts des Klimawandels und des daraus entstehenden Drucks, der Natur wieder die Hand zu reichen, braucht es aber wieder Gärten, die ihren Beitrag zum Klimaschutz leisten.

Ein verwunschener Ort mit unermesslichen Möglichkeiten

Die sieben Wachstumszonen des Waldgartens

Unterschiedliche Pflanzhöhen

Laub-, Obst- und Nussbäume bilden das Grundgerüst deines Waldgartens. Sie gehören zu den höchsten Bäumen im Garten. Auf sie folgen Halbstämme wie Flieder, Holunder, Weißdorn und Schneeball. Rosengewächse und niedrige Sträucher wie Spiree, Forsythie und Ranunkelstrauch gehören wie die Obststräucher, Lavendel und Hortensien zur nächsten Gruppe. Auf sie folgen Stauden und Gemüsepflanzen wie Salbei, Rosmarin, Rhabarber und einjähriges Gemüse. Unter dem Begriff Humusschicht versammeln sich Pflanzen, die leichten Schatten bevorzugen. Zu ihnen gehören Topinambur und Meerrettich. Die niedrigsten Pflanzen, wie Thymian, Minze oder Bärlauch sind die Bodendecker, auch Kriechpflanzen genannt. Zuallerletzt ist noch eine besondere Pflanzenart zu nennen, nämlich die Kletterpflanzen. Sie unterscheiden sich in der Pflanzhöhe dadurch, dass sie vertikal in die Höhe wachsen. Zu ihnen zählt man Hopfen, Reben und auch Kiwis.

ZEHN VORTEILE DES WALDGÄRTNERNS

Pflegeleicht

MEHR ERTRAG

durch Schutz, Wärme und dreidimensionale Flächennutzung

Umweltschonend

Abwechslungsreichtum = Erhaltung und Förderung der **Bodenfruchtbarkeit**

Naturbelassenheit

Es lebe die *Artenvielfalt*

kein Austrocknen des Bodens

ZEITERSPARNIS

Natürlicher Kreislauf

= Ökosystem

= erhält sich selber

Wasserschonend;
verbesserte Wasserspeicherfähigkeit des Bodens

*

Kaktussamen und eine Wiedergeburt

Als ich in der Oberstufe war, zog ich in die große Stadt. Auf einmal gab es keinen Garten mehr. Der lange Balkon vor meinem Fenster reizte mich nicht. Hier brannte den ganzen Tag über die Sonne herunter, und kein Gemüse hätte es lange überlebt. Dann schenkte mir eine Freundin eine Tüte mit Kaktussamen. Ich muss sie irritiert angesehen haben, denn sie erklärte sofort, dass Kakteen sehr schwer zu ziehen seien und sie darum an mich gedacht habe, wo ich doch so pflanzen- und gartenaffin wäre. – Um die Geschichte abzukürzen: Ich habe es nicht geschafft, mir einen Kaktus zu ziehen. Allerdings zog ich nach dem Abitur in eine Wohnung mit kleinem Vorgarten, und dort erwachte die Gärtnerin in mir zu neuem Leben. Gleichzeitig stand ich vor einer Bewährungsprobe: Hatte ich tatsächlich verstanden, wie man einen Garten anlegt?

Zum ersten Mal erkannte ich, dass ein Garten auch in der Stadt wunderbar sein kann. Nachdem die Beete angelegt waren und der Rasen gemäht war, pflanzte ich Rosen und Lavendel, einen Ranunkelstrauch und Spiree. Im Herbst setzte ich Tulpenzwiebeln und richtete einen Sitzplatz unter dem alten Zwetschgenbaum her. Die Überlegungen, einen Schrebergarten zu pachten – eine aberwitzige Idee in München –, warf ich auf diese Weise schnell über Bord. Ich genoss meinen kleinen grünen Fleck vor dem Haus zusammen mit der Hausgemeinschaft in vollen Zügen.

Ein Waldgarten in der Stadt

ÜBERSICHTLICHE PLATZKAPAZITÄTEN erschweren den Traum von einem verwunschenen, das ganze Jahr über blühenden Garten in der Stadt. Doch kann auch auf kleinem Raum ein Waldgarten angelegt werden – und damit ein pflegeleichter und sehr ergiebiger Nutzgarten, der mit Farbenpracht nicht geizt und zugleich umweltschonend zu bewirtschaften ist.

Möglich, dass du jetzt die Stirn runzelst und dich fragst, wie in deinem vielleicht zweihundert Quadratmeter kleinen Garten ein Wald entstehen soll. Mit einem Wald verbinden wir schließlich schier endlose Weiten, hohe Bäume und lange Spaziergänge. Gleich zu Beginn kann ich dich beruhigen: Der Waldgarten trägt seinen Namen nicht wegen seiner Größe, sondern wegen seiner Pflanzen und der Art der Bepflanzung, die man in ihm findet.

Wachsen darf, was wachsen will

Ein Waldgarten bietet dir alle Möglichkeiten, was die Pflanzenwahl betrifft, und erwartet von dir eigentlich nur das Fördern eines naturgemäß chaotischen Zustands – das heißt: von Wachstum! Von der Nagelschere zum Kürzen deiner akkuraten Spielwiese und auch vom Rasenmähroboter solltest du dich im Geiste verabschieden. Eine geometrische Ordnung, Gänseblümchen auf dem Rasen, die als lästiges Unkraut angesehen werden, rituelle Wochenendfahrten in das nächste Gartencenter: All das gehört ab sofort der Vergangenheit an. Deine Gärtnerdevise heißt stattdessen: Wachsen darf, was wachsen will; entfernt oder zurückgeschnitten wird nur, wenn das aus Platzgründen nötig ist oder du, als Herrscherin über deinen Waldgarten, aus gestalterischen Gründen Einwände hast. Da es bei Waldgärten auf verschiedene Baum-, Strauch- und Pflanzenhöhen ankommt, wirst du im ersten Schritt entscheiden müssen, welche Pflanzen in deinem Garten bleiben beziehungsweise einziehen dürfen.

Schütze den Altbestand

Das Schöne ist, dass die meisten Gärten bereits eine Vielzahl an verschiedenen Bäumen, Sträuchern und Blumen aufweisen. Unter so manchem Efeustrauch habe ich schon alte Rosensträucher, Hortensien oder gar Apfel- und Pflaumenbäume entdeckt, die von einem früheren Gärtner gepflanzt wurden. Einen verwilderten Garten aus seinem Dornröschenschlaf zu wecken und ihm dabei zuzusehen, wie er im darauffolgenden Jahr zu seiner längst vergessenen Schönheit zurückkehrt, ist für mich mit das Erfüllendste in meinem Gärtnerinnenleben. Auf jegliches beglückende Überraschungsmoment muss man eigentlich nur bei einem Einzug in einen Neubau verzichten.

Einen umweltgerechten Garten zu bewirtschaften, bedeutet, eng mit der Natur zusammenzuarbeiten. So wenig wie möglich wird aus ihm entfernt. Entstandene Lücken werden rasch wieder geschlossen. Viele der Arbeiten im Garten können wir unbesorgt der Natur überlassen und werden obendrein noch von ihren immer wieder neuen Ideen verblüfft.

Grundsätzlich gilt: Was im Garten vorhanden ist, bleibt erst einmal stehen. Eine Tabula-rasa-Herangehensweise würde die natürliche Anmutung deines Gartens zunichte machen. Die vorhandenen Pflanzen bilden das Grundgerüst deines Gartens und prägen von Anfang an sein Erscheinungsbild.

Erst im zweiten Schritt werden Sträucher entfernt, die du nicht möchtest. Gründe dafür können vielfältiger Art sein. Vielleicht befinden sich in deinem Garten giftige Sträucher, du möchtest ihn aber kinderfreundlich anlegen. Vielleicht bietet die bestehende Bepflanzung auch keinen oder nur wenig Nutzen für die Tierwelt. Oder möglicherweise ist er zu dicht bepflanzt oder steht einfach deinen gestalterischen Ideen im Wege. Wie auch immer: Es ist dein Gartenreich und du darfst in ihm schalten und walten wie du es möchtest. Du solltest dir nur immer wieder bewusst machen, dass der Schutz von Tier und Natur im Vordergrund steht.

Dein Garten und du bleiben in Bewegung

Auch in nachfolgenden Jahren wird es immer wieder vorkommen, dass du deinen Garten umstrukturierst. Manche Pflanzen stehen zu dicht, andere fühlen sich an ihrem Standort nicht wohl. Teil deiner Überlegungen, wenn du Pflanzen umsetzt, sollte aber immer sein, wo der Baum oder Strauch stattdessen eingepflanzt werden kann. Gerade Pflanzen, die sich in deinem Garten wohlfühlen, solltest du nicht mehr gehen lassen. Biete ihnen ein anderes Plätzchen an, auf dem sie sich entfalten können. Findet sich wirklich kein Platz, erhältst du weitere Tipps unter Saatgut- und Staudentausch auf Seite 114.

Erst wenn der Altbestand begutachtet und notfalls versetzt wurde, kommen neue Sträucher und Stauden in den Garten, und das bewusste Anlegen von Beeten beginnt.

Sicherlich hast du es bereits bemerkt: Ruhe und Gelassenheit sind die Grundvoraussetzungen für das Anlegen und Pflegen eines Waldgartens. Nach kürzester Zeit wirst du sehen, wie einfach es auf diese Weise ist, mit und in einem solchen Garten zu leben. Bewässerung und Unkraut jäten fallen beinahe vollständig weg. Durch die Mischung aus Bäumen, die mit Sitzgelegenheiten unter sich zum Verweilen einladen, obsttragenden und blühenden Sträuchern, bunten Blumenrabatten und Obst- und Gemüsebeeten, die immer wieder leckere Zutaten auf deinen Esstisch zaubern, wird dein Garten zu einem Ort der Ruhe und Entspannung. Der Stadttrubel bleibt vor dem Gartentor.

TIPP: Auf Seite 46/47 findest du zwei Pflanzpläne, die dir mit Tipps und Tricks zur Seite stehen und dir helfen, die richtige Entscheidung beim Anlegen deines Waldgartens zu treffen.

Die Praxis

Hege
und
pflege
deinen
Traum

Die Praxis

Lass deiner Kreativität freien Laut

ICH KANN ES NICHT oft genug sagen: Dein Garten lebt durch dich – so wie du durch deinen Garten. Am liebsten würde ich hier nur schreiben: Wenn du einen Waldgarten anlegen willst, fang einfach an. Aber natürlich sehe ich in diesem Moment deinen fragenden Blick, der so viel sagt wie: Und wie, bitte?

Ein Garten lebt durch eine Vielzahl ineinander verschränkter Vorgänge, die du zwar kennen solltest, die aber mit der Zeit zum Automatismus werden. Vielleicht hast du bereits einen bepflanzten Garten und willst aus ihm einen Waldgarten machen; vielleicht weißt du auch schon, welche Pflanzen du in ihn setzen möchtest; vielleicht hast du dir auch einfach dieses Buch gekauft, weil es dich angelacht hat, und der Entschluss, ebenfalls einen Waldgarten anzulegen, reift in dir von Seite zu Seite. Ganz gleich, auf welcher Waldgarten-Gärtnerebene du dich befindest: Auf den kommenden Seiten wirst du mit allen Informationen versorgt, die dich und deinen Waldgarten betreffen. Ein Grundstück brauchst du, das ist klar. Ein Hochbeet oder Balkon hat sich leider bisher noch nicht in einen Waldgarten verwandeln lassen. Trotzdem lässt sich ein Waldgarten, wie du ihn hier beschrieben findest, auf einem vergleichsweise kleinen Grund von etwa dreihundert Quadratmetern verwirklichen.

Du erfährst, welche Arbeitsgeräte du benötigst, bei welchen es sich lohnt, sie im eigenen Schuppen zu haben, und welche problemlos ab und an vom Nachbarn ausgeliehen werden können. Und du lernst, wie und was du wann pflanzt. Übersichten zu sogenannten »guten Pflanznachbarn«, natürlicher Schädlingsbekämpfung sowie Düngung erleichtern dir das Arbeiten. Ich wünsche beim Hegen und Pflegen deines Waldgartentraums viel Spaß und Erholung.

»Wenn du einen Waldgarten anlegen willst, fang einfach an.«

Werkzeuge

Durch die Mischung aus Bäumen, Gehölzen, Sträuchern, Blumen und Gemüse brauchst du neben den üblichen kleinen Gartengeräten auch schwerere Werkzeuge.

MISTGABEL: Zum Wenden des Komposts und Verteilen von Mist auf den Beeten.

SÄGE: Zum Entfernen großer Äste an Bäumen beim Anlegen des Waldgartens.

HOLZRECHEN: Zum Zusammenrechen der gemähten Wiese.

MESSER: Blindtext um Ansetzen von nachhaltigem Blindtext im Garten.

GARTENSCHERE: Zum Zurückschneiden junger Triebe und zum Schneiden von Blumen für die Vase.

ASTSCHERE: Für den jährlichen Schnitt an den Obstbäumen und zum Zurückschneiden von Gehölzen, Sträuchern und Rosen.

»SAUZAHN«: Zum Lockern der Erde in sämtlichen Beeten im Frühjahr und zum Ziehen der Saatfurchen im Gemüsebeet.

STIELRECHEN: Zum Glätten der Beete.

EIMER: Zum Ansetzen von Jauche.

FESTE ARBEITSHANDSCHUHE: Gerade bei grober Arbeit hilfreich. Die dünnen Gartenhandschuhe sehen zwar niedlich aus mit ihren meist blumigen Mustern, haben aber eher einen dekorativen Zweck.

STIELSCHAUFEL: Zum Verteilen von frischem Kompost auf den Beeten.

»FRANKFURTER HACKE«: Eine geschmiedete Hacke zum Anlegen neuer Beete sowie zum Abstechen und Eindämmen von Unkrautauswüchsen.

KLEINE SCHAUFEL: Zum Pflanzen von kleinen Sträuchern, Stauden und Setzlingen.

KLEINER »SAUZAHN«: Zum Lockern der Erde auf den Beeten.

KLEINE HARKE: zum Lockern der Erde auf den Beeten.

MISTGABEL: Zum Wenden des Komposts und Verteilen von Mist auf den Beeten.

KARTOFFELHACKE: Zum Lockern der Erde ohne umzugraben.

PICKEL: Zum Lockern fester, verwurzelter Böden.

SENSE: Zum Mähen von hohen Wiesen.

SPATEN: Zum Graben großer Löcher für größere Sträucher und Bäume und zum Anlegen von Vorratsmieten.

GIESSKANNE: Zum Gießen mit Regenwasser.

Unter Kirschbaum und Kletterrose

Ein Garten bedeutet für die einen eine Menge Arbeit, für die anderen ist es Entspannung pur. Was mich betrifft: Ich werde in meinem Garten immer wieder dazu verleitet, ruhige und verwunschene Ecken einzurichten, in denen ich mich von der getanen Arbeit erholen und mein getanes Werk betrachten kann. Denn auch wenn ich schon die Gartenarbeit an sich als wohltuend und entspannend empfinde, möchte ich meinen Garten schließlich auch genießen.

Auf diese Weise sind in den verschiedensten Ecken unseres Gartens schöne Orte entstanden; geschützt unter einem wohlriechenden Kirschbaum oder einer Kletterrose oder im Schatten unter dem Walnussbaum. Alte Gartenbänke und Rattansessel erhalten dort ein neues Leben, oder ich baue selber eine Bank, hänge ein Brett als Schaukel vom Ast herab oder verwandle einen Holzklotz zu einem Tischchen.

Plätze für jeden Anspruch

Jeder der ruhigen, erholsamen Plätze in unserem Garten ist ein bisschen anders, und keiner von ihnen entstand zur selben Zeit oder auf einem Plan. Es sind Orte, die der Garten selber geschaffen hat und bei denen wir irgendwann feststellten, dass wir dort gerne einen Sessel hinstellen würden oder ein kleines Hüttchen, weiß gestrichen, mit einer Bank und vielen Kissen, um es sich auch im Herbst und Winter hin und wieder gemütlich zu machen.

Für jeden von uns sind auf diese Weise Rückzugsorte entstanden. Der eine kann in Ruhe sein Buch lesen, während der andere im Schatten döst. Gleichzeitig spricht nichts gegen einen Ratsch bei einer Tasse Kaffee mit der besten Freundin oder dem Meeting im Garten-Homeoffice.

Oasen für jede Gelegenheit

DEIN GARTEN SOLLTE vom Frühling bis in den Herbst deinen Wohnraum erweitern. Durch die Lockerheit, die ein Waldgarten nun einmal einfach hat, entwickelt er ein Eigenleben, zu dem er dich einlädt teilzunehmen. Nutze diese Gelegenheit und stelle die Feuerschale an den Platz, den sich dein Garten dafür ausgedacht hat. So werden leere Ecken mit Leben gefüllt, und alte, im Schatten stehende Sandkästen werden im Nu mit zwei Liegen zum schattigen Plätzchen mit Strandfeeling.

Unsere Lieblingsplätze im Garten: In der Gartenlaube, unter dem Kirschbaum, im Schatten hinter der Garage

»Im Grunde gibt es für jede Jahreszeit den passenden Ort. Es sind bunte Plätze, die beruhigen und zum Verweilen einladen.«

Unser Garten wuchs über die Jahre hinweg. Nun gleicht er die längste Zeit des Jahres einem verwunschenen Paradies, in dem man auf verschiedenen Wegen üppige Lavendelsträucher, Rosen und Spalierobst findet.

BEISPIELE FÜR WALDGÄRTEN RUND UM DEIN HAUS

Viel Platz zum Spielen bieten die Rasenflächen. Verschiedene Plätze laden zum Entspannen ein. Für eine reiche Ernte sorgen die Obstbäume, Beerensträucher und das Gemüsebeet.

Eine toskanische Feige in Bayern

Mehrfach habe ich aus dem Italienurlaub schon Feigenbäume mitgebracht; die Nachbarin hat schließlich auch eine Feige bei sich im Garten stehen, sogar in der Erde, seit Jahren. Außerdem ist so eine Feige ein wunderschönes Andenken. Bei so einem Bäumchen denke ich an das Eis, das wir im toskanischen San Gimignano gegessen haben, und an die Blumentöpfe, an denen wir bei Impruneta nicht vorbeifahren konnten. Aber all diese Erinnerungen verblassten im nächsten Frühling abrupt. Denn außer ein paar vertrockneten, gakeligen Zweigen war nichts mehr von der Pflanze übrig.

Natürlich war ich anfangs enttäuscht. Mittlerweile aber habe ich eine bessere Alternative gefunden: Was auch immer ich irgendwo sehe, höre oder lese, von dem ich mir einbilde, es unbedingt in meinem Garten zu brauchen, das suche ich einfach bei der nächstgelegenen Baumschule oder Staudengärtnerei. Ich war total überrascht, als ich dort eine »Bayerische Feige« fand, die winterhart ist und unseren Boden kennt und liebt – und die nun bereits seit vier Jahren bei uns im Garten steht und fast bis zum ersten Stock hinaufreicht! Dasselbe gilt für Blumenzwiebeln, Stauden, Kräuter und selbst Samen. Je regionaler ihre Herkunft, umso schneller fühlen sich die Pflanzen im Beet wohl, wachsen und blühen.

Klimatische und bodenspezifische Unterschiede

EIN UNGÜNSTIGES KLIMA oder bodenspezifische Nachteile unserer Umgebung mögen uns vielleicht im ersten Moment nicht gefallen, sie sind aber die Grundvoraussetzung für unseren Garten. Bei den Böden unterscheidet man zwischen Sand, Schluff und Ton. Innerhalb dessen gibt es noch weitere Abstufungen. Bei der Bestimmung des Bodens achtest du am besten auf die Körnung. Sandboden ist am gröbsten, Tonboden sehr fein. Schluff befindet sich in der Mitte zwischen Sand und Ton. Vielleicht hast du auch schon mal jemanden von schweren oder leichten Böden sprechen hören. Leichte Böden sind sandige Böden, schwere Böden enthalten viel Ton oder Lehm.

Das Klima

In Gartenbüchern und -zeitschriften sehen wir immer wieder überbordende Prachtgärten: Wunderbar grüner Rasen, Hortensien mit großen blauen und rosa Dolden, wir sehen Rosen, deren Blüten alle zur selben Zeit blühen, Ranunkeln, die aus einer Gärtnerei in England stammen – darunter zwar der Hinweis, dass es sich um einen liebevoll gepflegten Garten in der Nähe von Bremen handelt, aber das will man natürlich nicht lesen, wenn man irgendwo anders in Deutschland lebt. Allgemein herrscht in ganz Deutschland ein gemäßigtes Klima vor. Im Norddeutschen Tiefland, an Nord- und Ostsee sind die Sommer meist angenehm warm und die Winter nicht allzu kalt. Weiter im Süden und Osten sind die Temperaturunterschiede zwischen den Jahreszeiten deutlich größer. Meine Freundin in Hessen schickt mir immer wieder Bilder von ihrem Garten, in dem sie bereits Ende Februar/Anfang März ihre vorgezogenen Kohlrabi- und Salatpflänzchen hinausgepflanzt hat, während es bei uns in der Nacht noch zweistellige Minusgrade und Bodenfrost hat.

Anspruchsvoll: Möhren wachsen nur in sandigen, durchlässigen Böden

Verwöhnt: Rosmarin liebt warmes Klima und ausreichend Feuchtigkeit

Der Boden

Jeder Boden hat seine Vor- und Nachteile. Im Vergleich zu lehmigen Böden können sandige Böden Wasser schlechter halten. Dafür sind leichte Böden besser durchlüftet und erwärmen schneller. Karotten, Radieschen und Rettich haben es in ihnen leichter, in die Tiefe vorzudringen, und auch andere Pflanzen wurzeln hier schneller. Schwere Böden halten zwar die Nässe besser, an die Gefahr der Staunässe muss jedoch gedacht werden, und die Pflanzen haben es nicht leicht, ihre Wurzeln zu gründen.

Grundsätzlich lassen sich Böden vorübergehend verändern. Einfacher ist es jedoch, wenn du dich und deine Pflanzen den gegebenen Bodenvoraussetzungen anpasst. So ersparst du dir viel Arbeit und Frust, und verwunschene Blütenmeere und reiche Gemüseernten lassen sich auf jedem Boden verwirklichen.

Von Schnecken und Irrtümern

In meinem ersten Garten pflanzte ich anfangs Rosen, Lavendel und Erdbeerspinat. Die Rosen wuchsen nicht, der Lavendel sah auch nicht so aus, wie ich ihn mir vorgestellt hatte, und auch am Erdbeerspinat freuten sich nur die Schnecken. Im Herbst setzte ich die Rosen und den Lavendel um, diesmal an einen sonnigeren Ort, und im Frühjahr begann ich damit, Radieschen und Salat vorzuziehen, und setzte Erdbeerpflänzchen in Reihen.

Über den Winter hinweg hatte ich es mir mit meinem Lieblingsbuch von Marie-Luise Kreuter gemütlich gemacht und alles über den Biogarten gelesen, was sie darüber zu sagen hatte. Ich wusste nun, worauf ich grundsätzlich achten sollte, und wusste auch, welche »Fehler« man anfangs machen kann. Vor allem aber hatte ich gelesen, dass ich und mein Waldgarten Zeit brauchen. Zeit zum Ausprobieren, Zeit, um zu sehen, was wächst; Zeit, in der ich Erfahrungen sammle.

Meine Umpflanzaktion hatte sich gelohnt. Tag für Tag ging ich hinaus und bestaunte die Blüten der Rosen und das satte gesunde Grün ihrer Blätter. Ich freute mich über die Fruchtstände der kleinen Erdbeeren und die zarten Blätter der herausspitzenden Radieschen. Ich hatte meine ersten Erfahrungen gemacht. Über die Jahre hinweg habe ich gelernt, dass Möhren und Zwiebeln bei mir einfach nicht wachsen wollen, dass Hortensien aber wie von Zauberhand vor sich hinwuchern und selbst der Rosmarin bereit ist, auf sein mediterranes Klima zu verzichten.

»Grüne Daumen sind nicht angeboren, sie wachsen uns mit der Zeit, wenn wir das wollen.«

Mit der Zeit findest
du die passenden
Geräte für dich und
deinen Garten

Aus Fehlern lernen

EINEN ÜPPIG BLÜHENDEN GARTEN zu besitzen, bedeutet, mutig zu sein. Jahr für Jahr probierst du aus, was wächst. Du verwirfst Vorstellungen und lernst so mit jedem Mal etwas dazu. Natürlich habe ich inzwischen eine Reihe an Gartenbüchern zu Hause, die ich allesamt gelesen habe. Und ja, ich gebe auch zu: In jedem von ihnen fand ich etwas, das ich unbedingt ausprobieren wollte. Ein Tipi aus Weiden wollte ich anlegen. Ein Obstbaumspalier als Grundstücksgrenze war die Idee, um auf einem kleinen Grundstück möglichst viele Obstbäume zu haben. Und scheinbar wilde Beete, die im Quadrat angelegt werden, klangen für mich nach einer wunderbaren Lösung, Düngen und Anpflanzen in einem sich gegenseitig fördernden System zu vereinen. Manche von diesen spontanen Einfällen wurden durchaus etwas – nicht so bei meinem Tipi: Die Weidenruten wollten einfach nicht anwachsen. Und auch die quadratischen Beete entpuppten sich dann doch nicht als die beste Lösung, denn im zweiten Jahr wollte kaum etwas auf ihnen wachsen.

Aber das war nicht schlimm. Pflanzen, die nicht angehen, und Einfälle, die sich nicht umsetzen lassen, sind keine Niederlage. Wenn im Garten etwas nicht klappt, so heißt das nur, dass dein Garten und du unterschiedlicher Meinung seid. Du hast es versucht, aber es hat nicht funktioniert; so einfach ist es und bedeutet nur, dass du im nächsten Jahr etwas anderes ausprobierst oder noch mal ein intensiveres Gespräch mit deinem Garten suchst.

Tipps für einen leichteren Einstieg

NATÜRLICH GIBT ES eine Reihe von Tipps, die ich dir nicht verheimlichen werde. Mach dich aber darauf gefasst, dass dein Garten trotzdem erst im Laufe der Jahre zu dem Gesamtkunstwerk wird, das du dir vielleicht schon in deinen Träumen ausmalst.

1. DIE FRUCHTFOLGE

Setze Stark- und Mittelzehrer jährlich an eine andere Stelle im Beet. Achte auch über das Gartenjahr hinweg darauf, dass du die Fruchtfolge einhältst. Zwei Mittel- oder Starkzehrer hintereinander funktionieren nicht; der Boden braucht Zeit, um sich zu regenerieren.

2. AUF GUTE NACHBARSCHAFT

In der Tabelle »Gute Nachbarn, schlechte Nachbarn« (siehe Seite 98) findest du die Pflanzen, die sich in ihrem Wachstum im besten Fall sogar noch unterstützen. Es gibt auch Kulturen, die sich gegenseitig hemmen. Diese Pflanzen solltest du nicht in direkte Nachbarschaft setzen.

3. DER STANDORT

Natürlich solltest du darauf achten, ob deine Pflanzen Schatten, Halbschatten oder Sonne bevorzugen. Manche Gewächse wünschen sich zudem feuchteren Boden, andere kommen damit gar nicht zurecht. Hinweise dazu findest du auf Samentüten und Pflanzenetiketten.

4. ZU FRÜH INS FREIE

Ich kann es im April kaum noch erwarten, endlich das Abdeckvlies von den Beeten zu nehmen oder meine Setzlinge in den freien Waldgarten zu entlassen. Kühle Tage und Nachtfrost schrecken die kleinen Pflänzchen aber meist ab. Nimm das Vlies deshalb erst im Mai von den Beeten und härte deine Setzlinge erst mal drei bis vier Tage ab, indem du sie immer wieder ungeschützt auf die Terrasse stellst, sodass sie Wind und Sonne ausgesetzt sind.

5. DAS SAATGUT

Achte beim Saatgut darauf, dass es nicht zu alt ist, da es dann an Keimkraft verliert. Meine Erfahrung ist, dass regionales, biologisches Saatgut die höchste Keimzuverlässigkeit mit sich bringt und mir die gesundesten Pflanzen beschert.

6. DIE BODENBESCHAFFENHEIT

Auch wenn Pflanzen meist sehr flexibel sind, was ihren Standort angeht, gibt es auch Plätze, an denen es ihnen gar nicht gefällt. Zu lockere oder zu feste Böden sind hier häufig der Grund. Darum lohnt es sich vor dem Pflanzen, die Bodenkonsistenz zu prüfen und im Anschluss daran die passenden Pflanzen zu wählen.

7. DAS KLIMA

Die Temperatur im Frühling und Herbst sowie die Wahrscheinlichkeit für Bodenfrost schwanken in Deutschland beträchtlich. Die Faustregel, erst ab Mai mit dem Auspflanzen zu beginnen, stimmt zwar, verkürzt aber in vielen Regionen die Erntezeit. Passe deinen Pflanzkalender den gegebenen klimatischen Bedingungen an. Ein Blick über die Zäune in der Nachbarschaft genügt dabei meist völlig.

8. PFLANZEN AUS HEIMISCHEN GÄRTEN

Über die verschiedenen Arten des Saatguts kannst du in diesem Buch eine Menge lesen – auch über bereits gewachsene Pflanzen. Grundsätzlich gilt auch hier: Je regionaler ihre Abstammung ist, umso robuster wird die Pflanze sein.

Urlaubs-erinnerung

Unser Garten ist ein Paradies für alle Lebewesen in ihm. Ohne all das rege Tierleben wäre er nicht halb so schön. Das ganze Jahr über wimmelt es bei uns von Spatzen, Buntspechten und Fledermäusen. Igel, Maus, Kröte, Eidechse und Maulwurf graben, wühlen und kriechen durch Laub und Erde, und ich freue mich jedes Mal, wenn ich es rascheln höre und weiß: Ich bin nicht die Einzige, die sich gerade um den Garten kümmert.

Im vergangenen Jahr hatte es sich ein Reh bei uns im Dickicht gemütlich gemacht und blieb beinahe ein halbes Jahr. Außerdem hoppeln immer wieder Hasen unter den Bäumen und auf den Beeten entlang, und selbst Störche statten uns hin und wieder einen kurzen Besuch ab. So ein reiches Tierleben bestätigt die Natürlichkeit und Gesundheit eines Gartens.

Einmal hatten wir einen Garten, in dem unsere Laufenten frei herumspazieren durften, unsere Hühner ihr Freigehege verließen, wenn wir da waren und nach ihnen sehen konnten, und unsere Kaninchen für einige Stunden am Tag ebenfalls ihre Freiheit genossen, ehe sie für die Nacht wieder eingefangen wurden. Als wir für drei Wochen in den Urlaub fuhren, übernahm unsere Nachbarin freundlicherweise die Pflege für die Tiere. Es war Juli, und die Gemüse- und Blumenbeete ließen schon erahnen, dass sie uns nach dem Urlaub prall gefüllt empfangen würden.

Wie immer, wenn ich lange nicht mehr im Garten war, freute ich mich auch diesmal auf die letzten Erdbeeren, den groß gewachsenen Mangold, Karotten, Salat und Kohlrabi. Aber wir staunten nicht schlecht, als wir nach Hause kamen. Wo einmal die Wiese war, sahen wir nun eine braune, von der Sonne ausgetrocknete Erdschicht, und wo noch vor drei Wochen Gemüse in den Beeten wuchs und Blumen in den Töpfen wetteiferten, fanden wir nur noch abgefressene Stiele. Unsere Nachbarin hatte Mitleid mit den Tieren gehabt und sie den ganzen Tag über frei im Garten herumlaufen lassen.

Der Kohlweißling ist schön anzusehen, aber für den Gemüsegarten leider eine Gefahr: Die Raupe ist ein hungriger Gemüseschädling.

Tierische und pflanzliche Helfer

NEBEN TIEREN AUS freier Wildbahn bietet ein Waldgarten Platz für weitere Nutztiere, die das natürliche Leben darin im wahrsten Sinn des Wortes beflügeln können. Laufenten und Hühner fühlen sich in Waldgärten geflügelwohl. Hühner lieben es, unter Sträuchern zu scharren; genauso wie Laufenten halten sie überall Ausschau nach knackigen Käfern und saftigen Würmern und Larven.

HÜHNER

Hühner brauchen einen Stall, in dem sie über Nacht vor Fuchs und Marder sicher sind. Außerdem benötigen sie einen Brutkasten und eine Hühnerstange, auf der sie es sich nachts gemütlich machen können. Tagsüber brauchen sie frisches Wasser in einer Tränke und Körner.

Da Hühnerställe sehr warm sind, eignen sie sich optimal als natürliche Heizung für das Gewächshaus. Hierzu baut man das Gewächshaus direkt an den Hühnerstall dran.

Gerade im Frühjahr, wenn die Beete neu hergerichtet werden, sind Hühner die optimalen Helfer. Sie lockern durch ihr unermüdliches Scharren die Erde auf und sorgen durch ihren Mist für den nötigen Dünger, der auf den Beeten im Herbst und Frühjahr verteilt wird. Durch ihr stetes Herumgraben sind sie für mich unersetzbare Gartenhelfer außerhalb der Pflanzsaison.

LAUFENTEN

Laufenten sind etwas pflegeleichter als Hühner. Sie brauchen ebenfalls einen Unterschlupf über Nacht. Da sie es aber gemütlich und klein mögen, genügt ihnen meist eine sogenannte Entenkiste. Morgens werden sie herausgelassen und laufen den ganzen Tag über frei herum. Auf diese Weise suchen sie kontinuierlich den Garten nach Schnecken und anderen kleinen Schädlingen ab und verhindern so eine größere Plage. Bereits im Herbst suchen sie nach abgelegten Schneckeneiern unter dem Laub, in Erdlöchern und zwischen Steinen, um sie zu verspeisen. Käfer, Läuse und Raupen verschmähen sie ebenfalls nicht. Durch das Wühlen mit dem Schnabel lockern sie Laub und obere Erdschicht auf und sorgen so auch für ein rascheres Verrotten auf dem Komposthaufen.

Wichtig ist, dass Laufenten eine Wasserstelle haben, die sie den ganzen Tag über ansteuern können. Zu fressen finden sie meist ausreichend im Garten, freuen sich aber über eine Schüssel Körner in ihrer Entenkiste, wenn sie abends in sie hineinschlüpfen.

Auch die Helfer haben Hunger

Bevor du nun den nächsten Geflügelmarkt ausfindig machst, weil du dich nicht mehr von der idyllischen Vorstellung lösen kannst, wie es wohl wäre, wenn dein Waldgarten von freilaufenden Hühnern und Laufenten bewohnt wird, lass mich noch kurz etwas hinzufügen. Bei all der hilfreichen Arbeit, die sie für dich erledigen, sollte nicht vergessen werden, dass sie keine ausschließlichen Fleischfresser sind. Das heißt, dass sie deinen Salat, Mangold, Spinat und das Grün der Möhren, Radieschen und vom Kohlrabi mit dem gleichen Heißhunger verspeisen werden wie einige Wochen zuvor noch all die ungeliebten Kriech- und Krabbeltiere. Ab Anfang Mai, wenn die Beete aufgedeckt werden, dürfen unsere Enten und Hühner deshalb nur noch beaufsichtigt in den Gemüsegarten. Den Rest der Zeit verbringen sie auf der Wiese oder im Unterholz.

WAS KRIECHT, HÜPFT UND FLIEGT DURCH MEINEN WALDGARTEN? – NÜTZLICHE WILDTIERE

BIENEN UND HUMMELN

Ein Großteil unserer Pflanzenwelt ist auf die Bestäubung durch Insekten und andere Tiere angewiesen. Das gilt gerade auch für Gartenpflanzen. Ganz an der Spitze der wichtigen Bestäuber stehen, neben den Bienen, auch die Hummeln. Durch ihren langen Saugrüssel reichen sie tief in die Blütenkelche hinein. Erbsen und Bohnen werden beispielsweise ausschließlich von Hummeln bestäubt.

MARIENKÄFER

Marienkäfer sind besonders gern gesehene Gäste in unseren Gärten. Als eifrige Blattlausvertilger halten sie unsere Gartenpflanzen gesund. Gut hundert Blattläuse verspeist ein Marienkäfer pro Tag. Auch die Larven fressen bis zu ihrer Verpuppung insgesamt vierhundert bis sechshundert Läuse.

OHRWÜRMER

In der Dämmerung kriechen Ohrwürmer aus ihren Verstecken, auf der Suche nach Blatt- und Schildläusen, Spinnmilben, Raupen und Insektenlarven. Außerdem fressen sie Blutläuse, die besonders die Obsternte gefährden können. Freu dich also, wenn du diese Nützlinge im Waldgarten entdeckst!

SPINNENTIERE

Kreuzspinnen, Springspinnen und Wolfsspinnen gehören zu den erfolgreichsten Schädlingsjägern. Sie fangen Fliegen, Falter, Käfer, Raupen, Wanzen und Läuse. Einige von ihnen bauen Netze, andere sind auf dem Boden unterwegs.

IGEL

Nacktschnecken, Engerlinge, Würmer, Raupen, Mäuse und sogar Schlangen gehören zu den Leibspeisen des Igels. Weinbergschnecken mag er allerdings nicht. Um ihn im Garten zu halten, sollten unter Sträuchern Laub und Äste liegenbleiben, damit er sich darin ein Nest bauen kann.

SPITZMÄUSE

Spitzmäuse sind reine Fleischfresser und folglich vollkommen harmlos für deinen Garten. Nachts suchen sie nach Insekten, Schnecken und Larven.

REGENWÜRMER

Der Regenwurm ist dein bester Gartenfreund. Er sorgt nämlich dafür, dass die Pflanzen in unseren Gärten wachsen und gedeihen können. Durch das Graben ihrer unterirdischen Gänge lockern Regenwürmer den Boden auf und sorgen dadurch für eine gute Durchlüftung. Zudem ist der Kot der Erdbewohner ein ausgezeichneter Bio-Dünger; schließlich enthalten ihre Ausscheidungen rund siebenmal mehr Nährstoffe als normale Gartenerde.

FLEDERMÄUSE

Als wichtige Schädlingsvernichter, Blütenbestäuber und Samenverbreiter leisten Fledermäuse einen enormen Beitrag zur Erhaltung des natürlichen Gleichgewichts im Garten. Nachts fangen sie nachtaktive Insekten wie Eulenschmetterlinge, Wickler, Spanner und Schnaken.

KOHLMEISEN

Kohlmeisen sind ausgesprochen erfolgreiche tierische Schädlingsbekämpfer. Im Winter ernähren sie sich meist von Samen und Früchten, im Sommer steigen sie auf tierische Nahrung um, vor allem Schadinsekten. Mit Raupen, Baumwanzen und Schildläusen versorgen sie während der Brut ihre Jungen. Dazu steuern sie ihr Nest bis zu sechshundert Mal am Tag an.

BLINDSCHLEICHEN

Die Blindschleiche gehört zu den Echsen und nicht, wie immer wieder vermutet, zu den Schlangen. An ihrem graubraunen Rücken und den schwarzen Streifen ist sie gut zu erkennen. Feuchte Wiesen bei Nacht sind ihre Leidenschaft. Dort fängt sie Nacktschnecken, Würmer und Insekten.

MAULWÜRFE

Siehe Tipp zum Thema »Anzuchterde selber herstellen« auf Seite 72.

Findest du Maulwurfshügel in deinem Waldgarten? Freu dich! Du kannst sicher sein, dass dein Boden gesund ist und es zahlreiche Kleinlebewesen gibt, die die Nahrungsgrundlage der Maulwürfe sind. Sie fressen Würmer, leider auch Regenwürmer, ansonsten Raupen, Puppen, Insekten, Larven, Engerlinge und Nacktschnecken. Außerdem räubern sie das Nest von Wühlmäusen aus.

ERDKRÖTEN UND GRASFRÖSCHE

Befindet sich eine Wasserstelle auf oder nahe an deinem Garten, dann zählen sicherlich auch Erdkröten und Grasfrösche zu den Gartenmitbewohnern. Am liebsten fressen sie Nacktschnecken, Würmer und Insekten.

Schädlinge: vorbeugen statt bekämpfen

EIN VERMEHRTES SCHÄDLINGSAUFKOMMEN im Biogarten zeigt dir, dass keine optimalen Bedingungen für Tiere und Pflanzen vorherrschen. Vorbeugend kannst du deswegen eine ganze Menge unternehmen, um für beste Pflanzenvoraussetzungen zu sorgen und das Thema Schädlingsbekämpfung weitestgehend zu vermeiden. Die Voraussetzungen für ein gesundes Beet mit gesunden Pflanzen sind: der richtige Standort, ausreichend gedüngter Boden und gesundes Saatgut. Eine Bepflanzung mit Mischkulturen und ein schonender Umgang mit dem Boden hält die meisten Schädlinge fern. Wichtig bei der Wahl des Pflanzorts sind die Ansprüche, die die Pflanze stellt. Licht, Wärme, Feuchtigkeit und Bodenverhältnisse müssen für die einzelnen Pflanzen stimmen.

Da jeder Garten ein kleiner Mirkoorganismus ist, der seine eigenen Ansprüche stellt, empfehle ich dir, anstatt Bodenproben zu entnehmen, mit gesundem Gärtnerverstand und der Lust, Neues auszuprobieren, auf deinen Garten zuzugehen. Du wirst in den kommenden Jahren immer wieder merken, dass bestimmte Dinge in deinem Garten scheinbar einfach so von alleine wachsen und bei der Nachbarin nicht, und ebenso wird es sich andersherum verhalten. Vielleicht findest du auch neue Methoden, mit denen du das momentane Gärtnerwissen revolutionieren kannst. Hab den Mut, dich auszuprobieren!

TIPP: Das solltest du dir aber schon mal merken:

1. **DÜNGEN**
2. **MULCHEN**
3. **PFLANZEN ALS MISCHKULTUR**

SCHÄDLINGE NATÜRLICH ABWEHREN DURCH **BEWUSSTE BEPFLANZUNG**

KRANKHEIT / SCHÄDLING	ABWEHRENDE PFLANZE	BESONDERS WIRKSAME KOMBINATION
Ameisen	Lavendel, Feldsalat	Rosen und Lavendel
Blattläuse	Kapuzinerkresse, Lavendel, Bohnen	Kapuzinerkresse unter Obstbäumen und neben Brokkoli; Rosen und Lavendel, Bohnen und Bohnenkraut
Erdflöhe	Wermut, Pfefferminze, Salat	Kohl und Salat
Fliegen	Basilikum, Nussbäume; gut ist z. B. ein Nussbaum am Sitzplatz	
Kartoffelkäfer	Meerrettich, Taubnessel	
Kohlweißlinge	Dill, Salbei, Rosmarin, Thymian, Pfefferminze, Beifuß, Tomaten, Sellerie	Kohl und Tomaten, Kohl und Sellerie oder Kohl mit Kräuter-Randpflanzung
Mäuse, Wühlmäuse	Knoblauch, Kaiserkronen, Wolfsmilch, Steinklee, Sonnenblumen	Steinklee auf Baumscheiben, Sonnenblumen als Randbepflanzung
Mehltau	Knoblauch, Schnittlauch	Knoblauchzehen unter Obstbäumen und zwischen Erdbeeren und Rosen
Möhrenfliegen	Zwiebeln, Salbei, Kresse	Möhren und Zwiebeln, Möhren und Kresse
Säulenrost	Wermut	Wermut zu Johannisbeersträuchern
Schnecken	Zwiebeln, Knoblauch, Kapuzinerkresse, Salbei, Ysop, Thymian, Bärlauch, Lavendel, Zitronenmelisse, Kamille, Tagetes	Hilft leider nur bedingt
Zwiebelfliegen	Möhren	Zwiebeln zu Möhren

JAUCHE UND TEES
ZUR SCHÄDLINGSBEKÄMPFUNG

KRANKHEIT / SCHÄDLING	PFLANZE	ART DER ANWENDUNG
Ameisen	Lavendel	Jauche
Blattflecken-krankheit	Schachtelhalm	Tee
Blattläuse	Kapuzinerkresse	Tee
Grauschimmel	Schachtelhalm und Brennnessel	Jauche
Kartoffelkäfer	Brennnessel	Jauche
Kohlweißlinge	Holunder, Tomatenblätter, Wermut	Jauche, Brühe, Tee
Kräuselkrankheit	Schachtelhalm, Brennnessel	Tee, Jauche
Krautfäule	Knoblauch- und Zwiebelschalen, Schachtelhalm	Tee, Brühe
Mehltau	Schachtelhalm	Tee
Möhrenfliegen	Knoblauch- und Zwiebelschalen, oder Kräuter	Tee
Obstmaden	Wermut	Tee
Rost	Schachtelhalm	Brühe
Rutenkrankheit	Schachtelhalm, Brennnessel, Kamille	Brühe im Wechsel spritzen
Schnecken	Farnkraut	Jauche
Säulenrost	Schachtelhalm	Tee
Wühlmäuse	Holunder	Jauche
Zwiebelfliegen	Kräuter	Tee
Hält allgemein Schädlinge ab:	Muskatellersalbei	Jauche
	Lavendel	Tee oder Jauche

Stolzer *Mist*

Mein Bruder und ich teilen die Leidenschaft für die Gartenarbeit. Als er nach Leipzig zog, erwarb er mit seiner WG rasch einen Schrebergarten, der innerhalb weniger Monate zu einem blühenden Paradies erwachte. Wann immer wir uns sehen, muss der eine den Garten des anderen begutachten. Dann wird der Wuchsstand der Erbsen und Tomaten verglichen, die Größe der Kohlrabi und über den besten Standort für Rhabarberpflanzen gefachsimpelt.

Als ich einmal Mitte Juni seinen Garten sah, verschlug es mir die Sprache. Riesengroße Wirsingköpfe füllten die Beete, Feuerbohnen wucherten über das Dach des Gartenhüttchens, sattgrüne Salatköpfe leuchteten in der Sonne, ohne einen einzigen Schneckenbiss auf ihrem Blätterkleid, und beinahe zwei Meter hohe Tomatenpflanzen wuchsen dort und blühten über und über. Stolz führte mich mein Bruder zwischen den Beeten entlang. Mein Garten wirkte dagegen wie ein Zwergenland.

Was hatte er gemacht? War der Leipziger Boden so viel fruchtbarer als der Münchner? Profitierten die Pflanzen noch von dem lange brachgelegenen Boden?

»Er nimmt doch chemische Mittel«, dachte ich mir, um mich zu beruhigen, bohrte aber sogleich bei ihm nach. Aber er schüttelte nur den Kopf.

»Pferdemist!«, erwiderte er. »Ein ganzer Anhänger Pferdemist im letzten Herbst.«

Am darauffolgenden Wochenende schwang ich mich aufs Fahrrad und radelte zum nächsten Pferdehof bei uns, um dort die Mistlieferung für den Herbst abzuklären. Und im Herbst verteilte ich voller Vorfreude auf das kommende Gartenjahr meinen Pferdemist auf den Beeten.

Stärkung für den Boden – Kraft für den Waldgarten

UM JÄHRLICH EINE REICHE ERNTE zu erhalten, muss der Boden jedes Jahr neue Energie tanken. Dafür braucht es Dünger, der vor allem aus Stickstoff, Kalium und Phosphor besteht. Die meisten im Handel erhältlichen Düngemittel kommen für mich nicht infrage, da sie pures Gift sind. Als Biogärtnerin stehen mir aber eine Vielzahl an natürlichen Düngemitteln zur Verfügung, die ein naturschonendes Gärtnern das ganze Jahr über sicherstellen.

Am einfachsten ist es, auf tierische Abfallprodukte wie Kot, Urin, Hornspäne und Fell zurückzugreifen. Rein pflanzliche Düngemittel eignen sich aber ebenfalls und werden immer beliebter. Ich selber verwende sowohl tierischen als auch organischen Dünger.

Tierischer Dünger

RINDERDUNG

Als Städter ist es schwer vorstellbar, die eigenen Beete im Garten mit Rinderdung zu düngen, zumal man schon vorab befürchten müsste, dass der Geruch in der Nachbarschaft nicht auf Begeisterung stoßen würde. Zugleich ist Rinderdung aber ein wichtiges biologisches Düngemittel, auf das nicht verzichtet werden kann. Eine hilfreiche Entwicklung sind da die Rinderdung-Pellets, die im Gartencenter erhältlich sind. In ihrer Handhabung sind sie unkompliziert. Mit einer Schaufel werden sie leicht in die Erde eingearbeitet; das Übrige erledigen Boden und Wetter selber.

Die Pellets eignen sich auch für ein verbessertes Wachstum bei Jungpflanzen. Hierfür streust du einige Pellets unter die Pflanze beim Einpflanzen und wässerst sie anschließend. Auch Balkonpflanzen können mit Rinderdung-Pellets gedüngt werden.

ANZUCHTERDE: Im Februar, wenn es bereits einige Tage mild war, vermische ich Rinderdung und Hornspäne im Verhältnis 2:1 und streue die Mischung unter alle Obstbäume, Obststräucher, Stauden, Hortensien und Rosen. Mit einer kleinen Schaufel lockere ich zuvor die Erde und harke anschließend die Mischung leicht unter. Auch auf den leeren Beeten verteile ich sie und hebe den Rest unter den Kompost auf dem Komposthaufen. Für alle Beete, die in diesem Jahr mit Starkzehrern bepflanzt werden sollen, mische ich noch etwas Kalk darunter und harke es ebenfalls leicht ein.

HORNSPÄNE

Hornspäne, die aus geschrotetem Horn von Schlachtvieh stammen, erhältst du im Gartencenter. Sie lockern den Boden auf und versorgen ihn mit ausreichend Stickstoff.

KALK

Nur die Starkzehrer, also alle Kohlsorten, Tomaten und Kartoffeln brauchen eine zusätzliche Portion Kalk.

PFERDEMIST

Wenn es noch zu kalt ist, um die ersten Pflänzchen ins Freiland zu setzen, fülle ich mein Frühbeet mit einer Zehn-Zentimeter-Schicht Pferdemist und trage anschließend zehn Zentimeter Humus auf. Der Mist dient in den kommenden Wochen als Fußbodenheizung für die jungen Pflänzchen, die nun darauf gepflanzt oder gesät werden.

HÜHNERMIST

Hühnermist ist ein wunderbares Düngemittel, das während der Pflanzzeit aufgrund seiner Schärfe nicht direkt auf die Beete gebracht wird, sondern erst einige Zeit auf dem Komposthaufen verrotten soll. Erst im Herbst, wenn die Beete abgeerntet sind, wird er direkt aufgetragen und leicht in den Boden eingearbeitet.

Veganer / pflanzlicher Dünger

UMWELTBEWUSSTES GÄRTNERN wird immer wichtiger, und damit steigt auch das Interesse an pflanzlichem beziehungsweise veganem Dünger. Hierbei kannst du dich zwischen künstlichem und organischem Dünger entscheiden. Synthetischer oder auch künstlicher Dünger wird chemisch hergestellt. Er verspricht hohe Erträge, ist aber keinesfalls umweltschonend, da seine Herstellung viel CO_2 benötigt und die weltweiten Vorräte an Phosphor und Kalium begrenzt sind.

Ich empfehle hier: Finger weg! Künstlicher Dünger stiehlt der Natur ihre Reserven. Organische Dünger dagegen sind vollkommen nachhaltig und umweltschonend.

Folgende Möglichkeiten hast du, deinen Waldgarten pflanzlich zu düngen:

FRISCHER KOMPOST

Normalerweise kommen meine pflanzlichen Abfälle natürlich auf den Komposthaufen. Im Herbst allerdings können sie auch direkt auf den brachliegenden Beeten verteilt werden, um im Frühjahr unter die Erde geharkt zu werden. Gerade das Fallobst, das sich nicht mehr für den Verzehr eignet, verteile ich großzügig auf den Beeten. Es fault schnell und ist bis zum Frühjahr spurlos verschwunden.

ALTER KOMPOST

Im Juni wende ich den Kompost und verteile die frische Komposterde auf den Beeten. Halb verrotteter Kompost wird dabei auf den freien Beetflächen untergeharkt.

JAUCHE

Brennnessel, Schachtelhalm, Lavendel und Zitronenmelisse sind die Pflanzen, die am häufigsten zu Jauche vergoren werden. Dafür werden einige Ruten in einem Eimer zu kleinen Stücken

Frischer Kompost, der Energiebooster für deinen Garten.

geschnitten. Anschließend füllst du den Eimer mit Wasser auf. Etwa vierzehn Tage muss die Jauche nun stehen, bevor sie weiterverarbeitet werden kann. Um den fauligen Geruch zu vermeiden, helfen Sägespäne, die man auf die Wasseroberfläche streut.

Die Jauche mische ich im Verhältnis 1:10 mit Wasser und gieße damit die Beete.

MULCHEN

Mulchen gehört zu den wichtigsten Arbeiten im Gemüsebeet. Dafür wird frisches Gras, das zwischen fünf und zehn Zentimeter lang ist, auf den Beetflächen so verteilt, dass die Erdoberfläche vollkommen bedeckt ist. Das Gras schützt nun den Boden vorm Austrocknen durch die Sonne und hält Unkraut vom Wachsen ab, indem es ihm das Licht nimmt; zudem verrottet es langsam und düngt auf diese Weise leicht den Boden. Um eine geschlossene Mulchdecke in meinem Garten zu haben, trage ich etwa alle drei Wochen neuen Mulch auf. Durch das viele Gras, das ich dafür brauche, habe ich mich bei den Nachbarn schon sehr beliebt gemacht, da ich ihnen die Entsorgung des Rasenverschnitts abnehme.

Gründüngung

HINTER DEM BEGRIFF GRÜNDÜNGER verbergen sich Pflanzen, die du vor, zwischen oder nach der eigentlichen Nutzpflanze ins Beet säst. Sie wirken wie eine Kur für deinen Boden, weil sie die Erde zum einen mit Stickstoff versorgen, der über die Wurzeln der Pflanzen in die Erde gerät, und zudem die Nährstoffe aus tieferen Bodenschichten wieder an die Oberfläche holen. Durch ihre tiefen Wurzeln lockern sie die Erde auf. Gerade sandige Böden freuen sich über Gründünger, da in ihm Nährstoffe bei Regen schnell in die Tiefe gespült werden. Der Gründünger wird später einfach in den Boden eingearbeitet und kann so nach und nach seine Nährstoffe abgeben. Damit die Erde nach der Ernte nicht brachliegt und den Wetterbedingungen ungeschützt ausgesetzt ist, schütze ich sie mit Gründünger. Somit ist Gründünger ein optimaler Schutz vor Trockenheit und Unkrautwuchs und vitalisiert zugleich den Boden für eine reiche Ernte im kommenden Jahr.

TIPP: Gerade nach einer stark zehrenden Kultur wie Kohl ist eine der genannten Gründüngungen sehr empfehlenswert.

Lupine, Wicke und Klee

Hülsenfrüchte (Fabaceae) versorgen den Boden mit ausreichend Stickstoff. Besonders Klee – der ebenfalls zu den Hülsenfrüchten gehört – sorgt für eine verstärkte Humusanreicherung, wenn er eine ganze Saison auf dem Beet stehen bleibt.

Senf und Ölrettich

Kreuzblütler (Brassicaceae) werden besonders häufig für die Gründüngung verwendet, weil sie schnell wachsen und aus diesem Grund das Unkraut in Schach halten. Ihre langen Pfahlwurzeln reichen tief in die Erde hinein.

Bienenfreund

Bienenfreund (Phacelia) ist der Allrounder im Gemüsebeet, weil er ohne Berücksichtigung der Fruchtfolge ausgesät werden kann. Mit seinen üppigen violetten Blüten lockt er Bienen an und dient zugleich als kraftvoller Bodenverbesserer.

Wer im Herbst auf seinem Boden Gründünger aufbringen möchte, sollte zudem Folgendes beachten: Es gibt winterharte und abfrierende Pflanzen; beides kann auf dem Beet ausgesät werden und wird im Frühjahr einfach unter die Erde gehoben. Blühender Dünger kann über den Winter hinweg meist keine Blüten ausbilden. Hier lohnt es sich, ihn erst im Frühjahr als Zwischenkultur auszusäen. Außerdem muss bei der Wahl der Gründünger auf die Pflanzfolge geachtet werden. Das heißt: Niemals zwei Pflanzen der gleichen Pflanzfamilie hintereinander auf dasselbe Beet setzen. Die Tabelle auf der nächsten Seite hilft dir bei der Wahl des richtigen Gründüngers.

Manche Gärtner bevorzugen Gründünger-Mischungen. Bei einer Vor- und Nachsaat bietet sich das an. Ich säe nur Ringelblumen und Bienenfreund willkürlich über den Beeten aus. Alle anderen Gründünger säe ich bewusst in die Beete, in denen ihr Nutzen benötigt wird.

GRÜNDÜNGER IM VERGLEICH

PFLANZE	ZEIT DER AUSSAAT	BLÜTENFARBE	NUTZEN DER GRÜNDÜNGUNG
Bienenfreund (Phacelia)	Vor-, Zwischen- und Nachsaat	lila	Humusanreicherung; Lockerung des Bodens
Echter Buchweizen (Fagopyrum esculentum)	Nachsaat im Juli/ August	weiß	Stickstofffixierung
Feldsalat (Valerianella locusta)	Vorsaat	grün; blüht weiß	Lockerung des Bodens
Gemeiner Lein (Linum usitatissimum)	Zwischensaat	blau bis violett	Lockerung des Bodens; tiefe Wurzeln
Inkarnat-Klee (Trifolium incarnatum)	Für ein ganzes Jahr	rot	Stickstofffixierung
Kapuzinerkresse (Tropaeolum)	Zwischensaat	rot, gelb und orange	Lockerung des Bodens
Portulak (Portulaca oleracea)	Zwischensaat	grün	Lockerung des Bodens
Rauhafer (Avena strigosa)	Zwischensaat	rosaweiß	Fängt überflüssigen Stickstoff auf; lockert den Boden; fördert die Wasser- und Luftzirkulation
Ringelblume (Calendula officinalis)	Zwischensaat	orange, gelb und beige	Bekämpft Nematoden (Fadenwürmer)
Rotklee (Trifolium pratense)	Für ein ganzes Jahr	rot bis pink	Stickstofffixierung; Humusanreicherung
Sommerwicke (Vicia sativa)	Zwischensaat	lila	Stickstofffixierung
Sonnenblume (Helianthus annuus)	Zwischensaat	gelb	Bindet Nährstoffe; lockert den Boden auf
Tagetes (Studentenblume)	Zwischensaat	orange und gelb	Bekämpft Nematoden (Fadenwürmer)
Welsches Weidelgras (Lolium multiflorum)	Nachsaat	grün	Lockerung der oberen Bodenschicht
Winterwicke oder Zottige Wicke (Vicia villosa)	Nachsaat	lila	Stickstofffixierung

	ABFRIEREND / WINTERHART	BEIM PFLANZEN ZU BEACHTEN
	abfrierend	Verträglich mit allen Pflanzen
	abfrierend	Verträglich mit allen Pflanzen
	winterhart	Verträglich mit allen Pflanzen
	abfrierend	Verträglich mit allen Pflanzen
	winterhart	Nicht nach oder vor Bohnen, Erbsen und Linsen
	abfrierend	Verträglich mit allen Pflanzen
	winterhart	Verträglich mit allen Pflanzen
	abfrierend	Nicht vor oder nach Kohl, Rauke, Herbstrübe und Meerrettich
	sehr spät abfrierend	Während der Saison zwischen das Gemüse säen; Nicht vor und nach Salat
	winterhart	Nicht nach oder vor Bohnen, Erbsen und Linsen
	abfrierend	Nicht nach oder vor Bohnen, Erbsen und Linsen
	abfrierend	Nicht vor und nach Salat
	abfrierend	Während der Saison zwischen das Gemüse säen (Kartoffeln, Möhren, Lauch, Tomaten etc.); auch Rosen
	winterhart	Nicht nach oder vor Mais
	winterhart	Nicht nach oder vor Bohnen, Erbsen und Linsen

MERKE: Damit die Gründüngung ihre volle Wirkung entfalten kann, ist eine lange Standzeit wichtig. Die Pflanzen brauchen Zeit, um den tiefen Boden mit ihren Wurzeln zu erschließen.

Von Reissäcken und fehlenden *Komposthaufen*

In meiner Kindheit kannte ich nur eine Art von Beet. Es war einfach ein Stück Erde, auf dem man den Rasen entfernt hatte; man grub es um und pflanzte darauf sein Gemüse. Bei unserem Nachbarn hatten die Beete zusätzlich immer noch eine Grube, die immer wieder an einem anderen Platz war. Auf diese Weise konnte er auf einen Komposthaufen verzichten und düngte die Beete so das ganze Jahr hindurch. Auch meine Großmutter hatte einfach Gemüsebeete. Frühbeete gab es auch, Gewächshäuser natürlich ebenfalls, aber im Grunde fand das Anpflanzen und Ernten immer nach demselben Prinzip statt.

Wenn ich sage, dass ich einen großen Garten habe, werde ich oft gefragt: »Und welche Beete hast du?« Anfangs irritierte mich das, weil ich nicht wusste, welche Antwort ich geben sollte. Für mich waren Beete Beete. Es ging für mich weniger um sie, als um das, was auf ihnen gepflanzt wurde. Auf die Frage: »Was pflanzt du an?«, hätte ich dagegen jede beliebige Antwort parat gehabt.

Heute finden sich in meinem Waldgarten Hügelbeete, Hochbeete, Rahmenbeete, Frühbeete und gewöhnliche Bodenbeete, und ich gebe zu, dass es Spaß macht, die verschiedenen Höhen eines Gartens auszunutzen und beispielsweise Powerbeete, wie das Hügelbeet eins ist, auszuprobieren. Trotz allem stutze ich noch immer, wenn anstatt der Beet-Inhalte die Anschaffungskosten eines Hochbeets diskutiert werden. Mich interessiert viel mehr, wie jemand es schafft, dass sein Gemüse wächst. Wie düngt er, was pflanzt er und wann? Meine Schwägerin pflanzt ihre Kartoffeln in ausrangierten Reissäcken vom Asiaten an, und ihre Paprikapflanzen wachsen in leeren Olivenölkanistern. Wann immer ich eine unkonventionelle Idee brauche, frage ich sie.

Trotz allem haben die verschiedenen Beete, die man heute kennt, ihre Berechtigung, und darum will ich sie dir nicht vorenthalten.

Beete für jede Gelegenheit

EIN BEET ANLEGEN – das klingt so einfach, und in den meisten Fällen hast du dabei sicherlich schon ein bestimmtes Bild vor Augen. Tatsächlich gibt es aber verschiedene Arten von Beeten, die sowohl ihre Vor- als auch ihre Nachteile haben. Grundsätzlich unterscheidet man zwischen Hochbeeten, Bodenbeeten, Rahmenbeeten und Hügelbeeten; dazu gibt es leichte Abweichungen für den Winteranbau.

DAS BODENBEET – DER KLASSIKER

Die wohl klassischste Beetform, bei der die Erde mit einem Sauzahn oder einer Grabegabel gelockert wird. Um die Bodenstruktur nicht durcheinanderzubringen, gräbt man ein Beet nicht mehr mit einem Spaten um. Die Nachteile des Bodenbeets sind, dass man in der Hocke arbeiten muss und Rückenschmerzen in gewisser Weise dazugehören. Außerdem wächst das Unkraut schnell ins Beet hinein, weswegen ein regelmäßiges Abstechen der Beete (alle zwei Monate) mit der Spatenkante erforderlich ist. Das Anlegen eines Bodenbeets ist ebenfalls mit einiger Arbeit verbunden, da die Grasnarbe entfernt werden muss und man den Boden von vorhandenem Wurzelwerk befreit. Eine Erleichterung stellt hier das Heubeet dar.

ANLEGEN EINES HEUBEETS – UNBESCHWERT IN DIE GARTENSAISON STARTEN

Anders als beim üblichen Bodenbeet bedeckst du das zukünftige Beet bereits im Herbst mit einer Schicht Pappe und Baumverschnitt. Über den Winter lässt du alles ruhen. Da Rasen und Unkraut kein Licht mehr bekommen, wachsen sie nicht mehr und verkümmern. Im Frühling wird die Papp-Baumverschnitt-Schicht noch mit frischem Kompost bedeckt und anschließend mit einer zehn Zentimeter dicken Lage Heu bedeckt. Nun ist es ein Heubeet. Für Pflanzen, die im ersten Jahr gepflanzt werden, bildet man eine Mulde im Heu, füllt diese mit etwas Komposterde auf und pflanzt den Setzling hinein. Ab dem kommenden Jahr kann das Beet wie ein normales Bodenbeet verwendet werden; Pappe und Heu haben sich kompostiert.

HOCHBEET – DER YUPPIE UNTER DEN BEETEN

Das Hochbeet erfreut sich schon seit mehreren Jahren immer größerer Beliebtheit. Baumärkte und Gartencenter haben das längst erkannt und bieten vollständige Bausätze dazu an. Viele Menschen bauen sich ihr Hochbeet aber auch selber, indem sie alte Latten, Bretter oder Bleche zusammenschrauben. Neben der Bastelarbeit, die man mögen muss, bieten Hochbeete im Vergleich zu Bodenbeeten eine Reihe von Vorteilen. Durch ihre Höhe arbeitet man im Stehen und schont so den Rücken. Zugleich schützt die Höhe die Jungpflanzen zumindest eine Weile vor unerwünschtem Schneckenbesuch.

Ganz gleich, ob das Hochbeet aus Blech oder Holz ist, es speichert die Sonnenwärme, sodass es wie eine kleine Heizung funktioniert und einen früheren Start in die Gartensaison ermöglicht. Seine Nachteile sind jedoch nicht unerheblich. Hohe Anschaffungskosten, sowohl für das Hochbeet als auch seine Füllung, sollten vor der Anschaffung einkalkuliert werden. Ein genaues Berechnen des Erdvolumens rentiert sich, da man meist mit weniger rechnet. Unser Hochbeet fasst über einen Kubikmeter Erde, die dort auch erst einmal hineingeschippt werden mussten.

Ist es einmal gefüllt, sorgt es durch seinen guten Nährstoffgehalt für ein rasches und gesundes Wachstum. Allerdings müssen Hochbeete am häufigsten von allen Beeten gegossen werden, da das Wasser schnell versickert. Kokosfaser und Mulchen schützen vor dem Austrocknen.

DAS RAHMENBEET – WARME FÜSSE FÜR DAS GEMÜSE MIT WENIG AUFWAND

Eine Zwischenlösung, die die Nachteile von Hoch- und Bodenbeet vermeidet, ist das Rahmenbeet. Da es viel niedriger ist als ein Hochbeet, halten sich auch seine Kosten im überschaubaren Rahmen. Der Nährstoffgehalt ist dem des Hochbeets ähnlich, da der Bodenaufbau aus Stroh, Rosenschnitt und Kompost besteht. Verwendet man ungeschliffene Bretter für den Rahmen, halten sie Schnecken ab. Dadurch dass das Beet sich etwas über der Bodenhöhe befindet, lässt sich das Unkraut besser wegschneiden und wächst nicht wie beim Bodenbeet ungehemmt hinein. Als Nachteil lässt sich nur anführen, dass aufgrund der niedrigen Beethöhe in gebückter Haltung gearbeitet werden muss.

»Neue Beete anzulegen, ist wie Geschenkpapier kaufen. Man freut sich schon auf das, was man später darin verpacken möchte.«

DAS HÜGELBEET – DAS HEIZKRAFTBEET

Auf alle Garten-Cracks wartet das Hügelbeet; ein eigenständiger Organismus. Durch seine Höhe lässt sich leicht in ihm arbeiten. Die halbrunde Form sorgt für eine größere Anbaufläche und somit einen höheren Ertrag, und dank der schrägen Seiten ist die Sonneneinstrahlung besser. Wie du weiter unten anhand der Skizze erkennen kannst, brauchst du zwar einiges an Material, allerdings ist ein Hügelbeet leicht zu bauen, und du findest alles Nötige dazu in deinem Waldgarten.

Ein Hügelbeet ist also ein Beet, das eine Art Resteverwertung darstellt. Alles, was da ist, kommt rein. Weil es ein kleiner, gut geschichteter Komposthaufen ist, verfügt es über einen optimalen Nährstoffgehalt und ist innen warm. Das bedeutet für dich: eine längere Anbauphase und höhere Erträge.

Nachteile finden sich aber leider auch. Durch den ausgebildeten Hügel rutscht die Erde immer wieder herab und muss aufgeschüttet werden. Außerdem lieben Wühlmäuse und Schnecken das Innere des Beetes und freuen sich natürlich, wenn du ihnen etwas auf ihre Behausung pflanzt, das sie im Nu verzehren können. Regelmäßige Kontrolle und abwehrende Pflanzen sind hier nötig. Da das Beet sich der Sonne geradezu entgegenstreckt, muss es durch kontinuierliches Mulchen vor dem Austrocknen geschützt werden. Auch müssen Hügelbeete häufiger als alle anderen Beete gegossen werden.

Die fünf Schichten des Hügelbeets

Beete für den Winter und Frühling – und für Ganzjahresgärtner

Zusätzlich zu den bisher erwähnten Beeten gibt es noch das Früh- und das Mistbeet. Beide eignen sich vor allem für den Anbau von Gemüsen im Winter und im Frühjahr. Das Frühbeet ist ein geschlossener Kasten, der mit einer Scheibe abgedeckt wird und so die jungen Pflänzchen vor der draußen noch vorherrschenden Kälte schützt. Frühbeete gibt es in allen Größen und Varianten zu kaufen; mit einfachen Mitteln lassen sie sich aber auch selber bauen.

Das Mistbeet ist erst einmal ein Bodenbeet, das im Herbst etwa zwanzig Zentimeter tief ausgehoben wird. Im Januar füllt man es zehn Zentimeter hoch mit Kuhmist und bedeckt diesen anschießend mit der ausgehobenen Erde. Pflanzen, die man nun pflanzt, haben sozusagen eine Fußbodenheizung, weswegen sie auch nächtliche Kälte überstehen. Ein Mistbeet wird üblicherweise mit einem Vlies abgedeckt, damit die Wärme möglichst im Beet bleibt. Auch ein Frühbeet kann man zu einem Mistbeet umbauen. Dann muss man allerdings an das regelmäßige Gießen denken, da die Glas- oder Kunststoffabdeckung den Regen abhält.

Traumgärten und Gartenschlösser

Pflanzpläne zu erstellen, macht unglaublichen Spaß, und immer wieder entpuppen sie sich für mich als hilfreiche Anker über das Gartenjahr hinweg. Den ganzen Winter über male ich mir meinen Garten für das kommende Jahr in Gedanken aus und zeichne seinen Plan. Je höher der Schnee draußen liegt, umso leichter fällt es mir, bei Tee und Zimtschnecken oder Stollen vom nächsten Gartenjahr zu träumen.

Meist malt und skizziert am Ende die ganze Familie, und schließlich überlegen wir, wie all die guten Ideen in einem einzigen Garten untergebracht werden können. Auf diese Weise reifen zu dieser Zeit schon die kommenden Gartenprojekte heran. Müssen neue Beete angelegt werden? Sollte man den Zaun schon im Frühjahr ausbessern? Gibt es ein Gemüse, das wir gar nicht gegessen haben, obwohl es bei uns wuchs – sollten wir es also im kommenden Jahr lieber weglassen? Gibt es etwas Neues, was ausprobiert werden soll?

Ich liebe die Winterzeit, in der man zum einen mit Freude auf das vergangene Gartenjahr zurückblickt, neue Energie tankt und währenddessen bereits die Vorfreude auf die kommende Pflanzsaison spürt. Ohne diese Ruhepause und den Abstand zum Garten wäre die Euphorie vermutlich gar nicht so groß, denn schließlich ist die Arbeit im Garten durchaus anstrengend.

Für meine Kinder habe ich ein Spiel entwickelt, das sie immer wieder gerne spielen. Es hat zum Ziel, auf einer Karte mit drei mal drei Kästchen Pflanzenkärtchen so anzuordnen, dass nur gute Nachbarn nebeneinander stehen. Den ganzen Winter über entstehen so immer wieder neue Pflanzmöglichkeiten auf dem Küchentisch, die schon häufig anschließend in den Pflanzplan übernommen wurden.

Was pflanze ich wann und wo?

WENN DU AN EINIGE DINGE

dabei denkst, kann nichts schief laufen:

* Im Grunde bepflanzt du jedes Beet **dreimal im Jahr.** Du beginnst zeitig im Frühling mit der ersten Tracht, pflanzt im Sommer nach, wenn die ersten Gemüse das Beet schon wieder verlassen haben (zweite Tracht) und beendest im Herbst die Pflanzsaison, indem du das Wintergemüse säst (dritte Tracht).

* Bei der Wahl der Pflanzen solltest du **zwischen Stark-, Mittel- und Schwachzehrern unterscheiden.** Starkzehrer benötigen viele Nährstoffe. Sie lieben frischen Kompost und können durch ihn erst ihre wirkliche Kraft entwickeln. Die Schwachzehrer mögen Plätze, an denen zuvor ein Starkzehrer wuchs. Frischer Kompost ist ihnen viel zu stark; sie würden im wahrsten Sinne des Wortes in ihm verbrennen. Schwachzehrer haben im Grunde keine Ansprüche. Sie ziehen ihre Kraft zum größten Teil aus sich selber; weswegen man sie üblicherweise als Drittes aufs Beet setzt oder als Zwischenkultur einsät. Beim Planen deines Waldgartens achtest du darauf, dass du eine Drei- beziehungsweise Vierfelderwirtschaft betreibst. Erst setzt du die Starkzehrer, dann die Mittel- und anschließend die Schwachzehrer. Auf diese Weise laugst du den Boden nicht aus und kannst ihn Jahr um Jahr wieder bewirtschaften.

* Im letzten Schritt achtest du darauf, nur **gute Nachbarn** nebeneinander zu pflanzen. Die Tabelle »Gute Nachbarn, schlechte Nachbarn« hilft dir dabei.

* **Zu dicht** solltest du dein Gemüse nicht pflanzen. Allerdings gibt es Gewächse, die in die Erde hineinwachsen, und andere, die sich oberhalb der Erde ausbreiten. Wenn du es geschickt anstellst, pflanzt du diese beiden Pflanzenarten im Wechsel. So erhöhst du deinen Ertrag und schützt gleichzeitig den Boden vor unnötigem Austrocknen.

* Bei den Beeten gibt es leichte Schwankungen beim Pflanzstart. Die Pflanzpläne zeigen dir verschiedene Möglichkeiten, anhand derer du möglichst viel aus deinem Beet herausholst.

PFLANZIDEEN BEIM HÜGELBEET

Das Hügelbeet ist im ersten Jahr sehr warm und angefüllt mit frischem Kompost. Vor allem die Starkzehrer wie Tomaten, Zucchini, Kürbis und verschiedene Kohlsorten freuen sich über die Kraft, die sie hier aus der Erde ziehen können. Im zweiten Jahr setzt du Mittelzehrer ins Beet: Karotten, Erdbeeren, Kohlrabi, Zwiebeln und Rote Bete. Ab dem dritten Jahr folgen als Letztes in der Reihe die Schwachzehrer. Sie benötigen nicht viel und ermöglichen in den kommenden Jahren eine sichere Ernte. Typische Schwachzehrer sind Salat, Bohnen, Erbsen, Radieschen, Spinat und Kräuter. Nach sechs Jahren ungefähr sollte das Hügelbeet erneuert werden.

	Februar/März	Mai/Juni	September
		Zucchini	
1. Jahr		Tomaten	Endivien
		Wirsing/Spitzkohl	
	Erbsen	Salate	Endivien
		Zwiebeln	Feldsalat
	Möhren		Feldsalat
2. Jahr		Kohlrabi	Feldsalat
	Möhren		Feldsalat
		Rote Beete	Feldsalat
	Erbsen	Salate	Feldsalat
	Spinat	Radieschen	Postelein
3. Jahr	Spinat	Bohnen	Feldsalat
	Spinat	Erbsen	Postelein
	Erbsen	Salate	Feldsalat

20 cm

PFLANZIDEEN BEIM BODEN- UND RAHMENBEET

Üblicherweise beginnt man mit dem Einsäen und Bepflanzen der Boden- und Rahmenbeete im April beziehungsweise Mai. Möglicher Bodenfrost in der Nacht würde die Ernte anderenfalls zerstören. Robuste Radieschen-, Rettich- und Erbsensamen können schon Ende März eingesät werden, benötigen aber noch einen Vliesschutz und brauchen mehr Zeit beim Keimen. Nach den Eisheiligen beziehungsweise der Kalten Sophie am 15. Mai werden endlich die vorgezogenen Pflanzen nach und nach ins Freie gesetzt. Beginnt man erst im Mai, fällt die erste Tracht der Beetbepflanzung weg.

Februar / März	April / Mai	Juni / Juli	September
Rucola			
	Zucchini		**Feldsalat**
			Postelein
Spinat	**Sonnenblumen**	**Mangold**	**Feldsalat**
Zwiebeln			**Winterrettich**
Möhren	**Dill** (am Beetrand)		**Endivien**

20 cm

PFLANZIDEEN BEIM HOCHBEET

Da Hochbeete sich schneller aufwärmen als zum Beispiel Bodenbeete, beginnt die Pflanzsaison in ihnen schon im März.

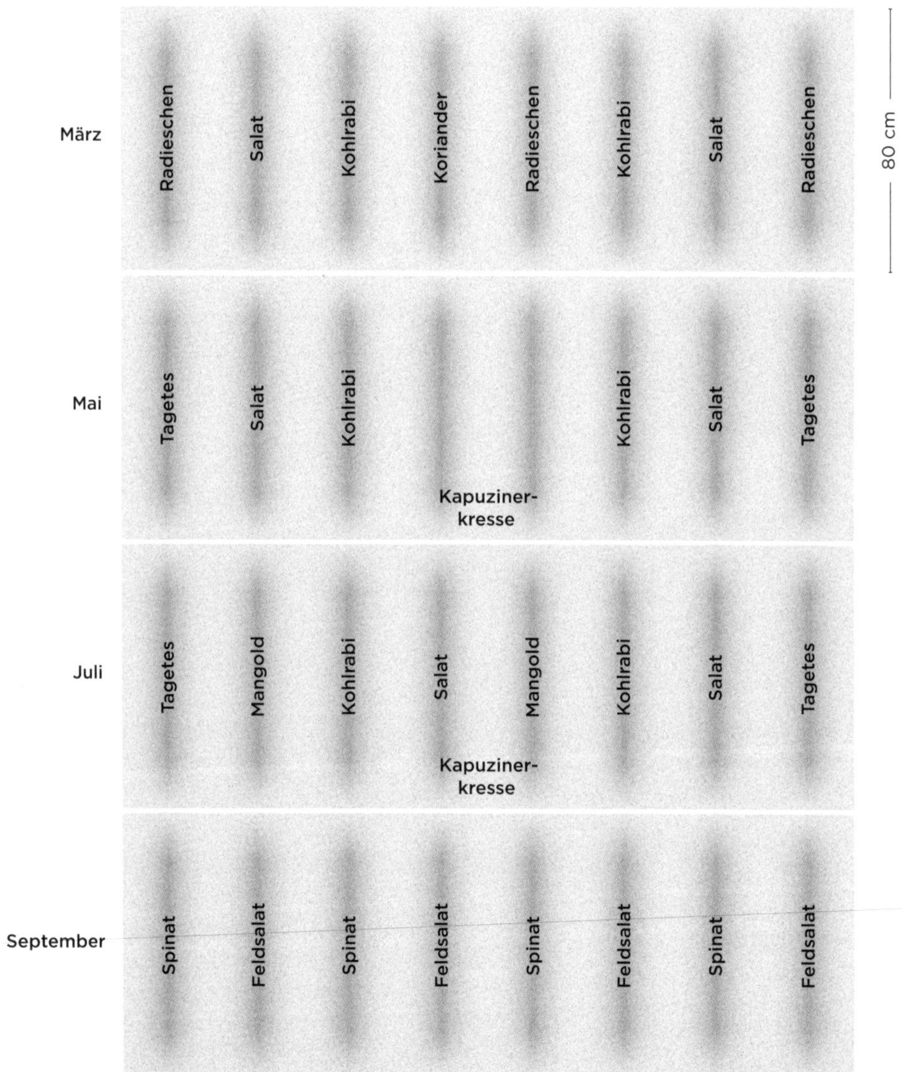

Pflanzen von Winterkulturen und Anbauplanung

Im Winter rechnen die wenigsten von uns mit frischem Gemüse aus dem Garten. Es ist kalt, die Sonne steht viel niedriger, und wir können es uns kaum vorstellen, dass unter solchen Bedingungen Pastinake, Schwarzwurzel, Lauch und Kohl in den Beeten darauf warten, von uns geerntet zu werden. Dabei sind die sogenannten Winterkulturen die wahren Schätze der kalten Jahreszeit. Gefrorene Böden und Schnee machen ihnen nichts aus; allerdings freuen sie sich an besonders eisigen Tagen über einen schützenden Mulchmantel.

Um sie von Oktober bis Februar im Beet vorzufinden, müssen sie allerdings schon zeitig gesät werden. Bereits im Mai beginnt das Säen und Pflanzen der ersten Winterkulturen. Über den Sommer hinweg können sie groß und stark werden. Wenn es kälter wird, wachsen sie nur noch langsam oder hören ganz damit auf. Aber nicht alle Winterkulturen mögen den Sommer. Einigen ist es dann viel zu heiß. Diese Pflanzen werden erst im Spätsommer oder Herbst gesät. Grundsätzlich sind Wintergemüse sehr robust. Die meisten von ihnen halten Temperaturen bis –8 °C aus.

ANBAUPLANUNG

GEMÜSE	AUSSAAT	AUSSETZEN VORGEZOGENER PFLANZEN INS **FRÜHBEET**	ERNTE
Chicorée	Mai–Juli		Oktober–Dezember
Endivien	Juli / August		November–März
Feldsalat	August / September		November–März
Fenchel			Mai
Frühlingszwiebeln	Juni–August	März	Oktober–Dezember
Kohlrabi			Mai
Kohlsorten	April / Mai	März	Oktober–Februar
Lauch	April / Mai		Oktober–Februar
Pastinaken	Februar / März		Oktober–Februar
Radicchio	Juli / August		November–März
Radieschen	Februar / März		Mai
Rote Bete			Mai
Rucola	Juni–September	März	September–Januar
Schnittsalate	Februar / März		Mai
Schwarzwurzeln	Februar / März		Oktober–Februar
Spinat	August / September		November–März
Topinambur	März–Mai		November–März
Winterkopfsalat	Oktober		März
Winterpostelein	Oktober / November		März

BEISPIEL EINES ZWEI- BIS DREIFACH BELEGTEN BEETES

März – Mai	Juni – September	ab Oktober
Spinat		Radicchio
Radieschen	Zucchini	Feldsalat
Spinat	Radieschen	Radicchio
Radieschen	Rote Beete	Feldsalat
Spinat	Radieschen	Postelein
Radieschen	Zucchini	Feldsalat
Spinat		Radicchio

25 cm

GUTE NACHBARN, SCHLECHTE NACHBARN

PFLANZE	GUTER NACHBAR	SCHLECHTER NACHBAR
Busch- und Stangenbohnen	Bohnenkraut, Dill, Erdbeeren, Gurken, Kartoffeln, Kohlarten, Kohlrabi, Kopfsalat, Mangold, Pflücksalat, Radieschen, Rhabarber, Sellerie, Rote Bete, Tomaten	Erbsen, Fenchel, Knoblauch, Lauch, Zwiebeln
Endivien	Fenchel, Kohlarten, Lauch, Stangenbohnen	
Erbsen	Dill, Fenchel, Gurken, Kohlarten, Kohlrabi, Kopfsalat, Möhren, Radieschen, Rettich, Zucchini	Bohnen, Kartoffeln, Knoblauch, Lauch, Tomaten, Zwiebeln
Erdbeeren	Borretsch, Buschbohnen, Knoblauch, Kopfsalat, Lauch, Radieschen, Rettich, Schnittlauch, Spinat, Zwiebeln	Kohlarten
Fenchel	Chicorée, Endivien, Erbsen, Feldsalat, Gurken, Kopfsalat, Pflücksalat, Radicchio, Salbei	Bohnen, Tomaten
Gurken	Bohnen, Dill, Erbsen, Fenchel, Kohl, Kopfsalat, Koriander, Kümmel, Lauch, Rote Bete, Sellerie, Zwiebeln	Tomaten, Radieschen, Kartoffeln, Rettich
Kartoffeln	Dicke Bohnen, Kamille, Kapuzinerkresse, Kohlarten, Kohlrabi, Kümmel, Meerrettich, Pfefferminze, Spinat, Tagetes	Erbsen, Gurken, Kohlarten, Kürbis, Tomaten, Sellerie, Sonnenblumen, Rote Bete, Zwiebeln
Karotten	Dill, Erbsen, Knoblauch, Lauch, Mangold, Radieschen, Rettich, Rosmarin, Salbei, Schnittlauch, Schnittsalat, Schwarzwurzeln, Tomaten, Zwiebeln	Rote Bete
Knoblauch	Erdbeeren, Gurken, Himbeeren, Lilien, Möhren, Obstbäume, Rosen, Rote Bete, Tomaten, Tulpen	Erbsen, Kohlgewächse, Stangenbohnen
Kohlarten	Beifuß, Bohnen, Dill, Endivien, Erbsen, Kamille, Kartoffeln, Kopfsalat, Koriander, Kümmel, Lauch, Mangold, Pfefferminze, Pflücksalat, Rote Bete, Sellerie, Spinat, Tomaten	Erdbeeren, Kartoffeln, Knoblauch, Senf, Zwiebeln
Kohlrabi	Bohnen, Erbsen, Kartoffeln, Kopfsalat, Lauch, Radieschen, Rote Bete, Sellerie, Spargel, Spinat, Schwarzwurzeln, Tomaten, Zwiebeln	
Kopfsalat	Bohnen, Dill, Erbsen, Erdbeeren, Fenchel, Gurken, Kerbel, Kohlarten, Kohlrabi, Kresse, Lauch, Möhren, Pfefferminze, Radieschen, Rote Bete, Schwarzwurzeln, Spargel, Tomaten, Zwiebeln	Petersilie, Sellerie
Lauch	Endivien, Erdbeeren, Kamille, Kohlarten, Kohlrabi, Kopfsalat, Möhren, Schwarzwurzeln, Sellerie, Spinat, Tomaten	Bohnen, Erbsen, Rote Bete

Jede Pflanze hat ihre eigenen Bedürfnisse. So kommt es, dass sich manche in ihrem Wachstum unterstützen und andere wiederum sich gegenseitig hemmen. In der Tabelle findest du die guten und weniger geeigneten Pflanzpartner aufgelistet:

PFLANZE	**GUTER** NACHBAR	**SCHLECHTER** NACHBAR
Mangold	Bohnen, Kohlarten, Möhren, Radieschen, Rettich	
Meerrettich	Kartoffeln, Obstbäume	
Pastinaken	Dill, Erbsen, Karotten, Majoran, Rettich, Ringelblumen, Rote Bete, Salat, Sellerie, Sonnenblumen, Spinat, Zuckermais, Zwiebeln	
Pflück- und Schnittsalat	Dill, Fenchel, Kohlarten, Radieschen, Rettich, Rote Bete, Schwarzwurzeln, Spargel, Tomaten	
Radieschen / Rettich	Bohnen, Erbsen, Kapuzinerkresse, Kohlarten, Kohlrabi, Kopfsalat, Kresse, Mangold, Möhren, Spinat, Tomaten	Gurken, Kohlarten, Zwiebeln
Rhabarber	Bohnen, Erbsen, Kohlarten, Kohlrabi, Kopf- und Pflücksalat, Spinat	
Rote Bete	Buschbohnen, Dill, Gurken, Knoblauch, Kohlarten, Kohlrabi, Koriander, Kümmel, Pflücksalat, Zucchini, Zwiebeln	Karotten, Kartoffeln, Lauch, Spinat
Schnittlauch	Dill, Erdbeeren, Fenchel, Kapuzinerkresse, Kohlrabi, Möhren, Obstbäume, Pastinaken, Petersilie, Pimpernell, Rosen, Sellerie, Spinat, Tomaten, Wein	Artischocken, Bohnen, Erbsen, Gartenkresse, Kohl, Koriander, Lauch, Rote Bete
Schwarzwurzeln	Bohnen, Kohlrabi, Kopfsalat, Lauch, Pflücksalat	
Sellerie	Buschbohnen, Gurken, Kamille, Kohlarten (vor allem Blumenkohl), Kohlrabi, Lauch, Tomaten	Kartoffeln, Kopfsalat
Sonnenblumen	Gurken	Kartoffeln
Spargel	Gurken, Kopfsalat, Petersilie, Pflücksalat, Tomaten	Knoblauch, Zwiebeln
Spinat	Erdbeeren, Kartoffeln, Kohlarten, Kohlrabi, Rhabarber, Radieschen, Rettich, Sellerie, Stangenbohnen, Tomaten	Rote Bete
Tomaten	Buschbohnen, Kapuzinerkresse, Knoblauch, Kohlarten, Kohlrabi, Kopfsalat, Lauch, Möhren, Petersilie, Pflücksalat, Radieschen, Rettich, Rote Bete, Sellerie, Spinat	Erbsen, Fenchel, Gurken, Kartoffeln
Topinambur	Obststräucher, Himbeeren, Johannisbeeren, Haselnuss-Sträucher, Rhabarber	
Zucchini	Erbsen, Kapuzinerkresse, Rote Bete, Stangenbohnen, Tomaten, Zwiebeln	
Zwiebeln	Bohnenkraut, Dill, Erdbeeren, Gurken, Kamille, Kohlrabi, Kopfsalat, Lauch, Möhren, Rote Bete, Schwarzwurzeln, Sellerie, Zucchini	Bohnen, Erbsen, Kartoffeln, Kohlarten, Radieschen, Rettich

JANUAR

Graue Tage lassen mich den Frühling herbeisehnen. Auf der Fensterbank ziehe ich *Sprossen* und *Kresse*, die Butterbrote und Salate auffrischen. Im Gewächshaus können die ersten *Radieschen*, *Kohlrabi* und *Asia-Salate* gesät werden. Wird es noch einmal deutlich kälter, stelle ich ihnen Kerzen auf, um sie zu wärmen.

Eisig ist es nun, und im Waldgarten gibt es noch nichts zu erledigen. Aber drinnen im Warmen beginne ich bei einer heißen Tasse Tee mit der Planung der neuen Gartensaison. Ich zeichne einen *Gartenplan*, überlege mir, welche Sorten ich pflanzen werde. Auf diese Weise weiß ich, welche Beete ich in den kommenden Wochen wie düngen muss, und kann mit der Bestellung des Saatguts beginnen.

Grünkohl und *Rosenkohl* räumen langsam das Beet. Auch die letzten *Lauchstangen* werden nun zu Quiches und Gemüsesuppe verarbeitet. *Feldsalat*, *Spinat* und *Gartenmelde* wachsen noch reichlich im Frühbeet. *Topinamburwurzeln* können noch immer ausgegraben werden.

Gartenmelde

Die Melde stammt aus dem Mittelmeerraum und kam mit den Römern über die Alpen. Vom Spinat wurde sie weitgehend aus unseren Gärten vertrieben. Sie wird im März ausgesät und wächst rasch auf bis zu zwei Meter in die Höhe. Die Pflänzchen werden frühzeitig auf vierzig bis sechzig Zentimeter ausgedünnt, damit sie genug Platz haben, um zu kräftigen Pflanzen heranzuwachsen. Die Gartenmelde gibt es in verschiedenen Farben, von Magenta über Violett bis Grün. Sie ist ausgesprochen robust und bleibt so von Schädlingsbefall verschont. Die Blätter werden immer wieder über das Jahr hinweg geerntet. Sie schmecken wie Spinat und finden auch genauso ihre Verwendung.

FEBRUAR

Endlich ist es so weit. Wer kein Gewächshaus hat, fängt jetzt mit dem Gärtnern an: *Radieschen*, *Spinat*, *Rucola*, *Gartenmelde*, frühe *Möhren* und *Guter Heinrich* können nun im Freiland ausgesät werden. Zur Sicherheit decke ich sie mit Fleece ab. Im Haus ziehe ich *Tomaten*, *Paprika*, *Löwenmäulchen*, *Kohlrabi*, *Lauch*, *Asia-Salat* und *Ranunkeln* vor.

Es wird milder, weswegen ich mit der *Vorbereitung der Beete* beginne. Altes Laub, Kompostreste und Unkraut werden entfernt. In milden Regionen können schon Obstbäume und Beerensträucher verschnitten werden. Einzelne Zweige nehme ich mit ins Haus und stelle sie in die Vase. Sollen *neue Bäume oder Sträucher* gepflanzt werden, ist nun die Zeit dafür.

TIPP: Wer Hühner oder einen Bauernhof in der Nähe hat, kann Mist in die Frühbeete packen, damit die **Mistheizung** anläuft.

Anzuchterde

Für die Anzuchterde brauchst du drei Teile Humus, einen Teil Sand und ein bis zwei Teile frischen Kompost. Maulwurfshügel liefern wunderbaren Humus, unser ehemaliger Sandkasten im Garten liefert den benötigten Sand, und die Komposterde hole ich natürlich von unserem Komposthaufen. Wenn der Kompost noch nicht vollständig verrottet ist, macht das überhaupt nichts.

Sprossen und *Kresse* von der Fensterbank können weiterhin geerntet werden. Feldsalat hat das Frühbeet weitestgehend verlassen. Stattdessen wächst dort endlich mein Lieblingssalat: *Winterpostelein*. Sollte noch *Grünkohl* und *Rosenkohl* in den Beeten stehen: raus damit und auf den Tisch. Das Gleiche gilt für die *Topinamburwurzeln*.

MÄRZ

Ins Freiland werden nun auch in kühleren Regionen Radieschen, Möhren, Kohlrüben, Zwiebeln, Spinat, Petersilie, Rucola, dicke Bohnen, Mairübchen und Asia-Gemüse gesät. Erbsen sind im Vergleich zu Bohnen nicht so kälteempfindlich und können deswegen schon ins Freiland gesät werden. Auch Ringelblumen, Kornblumen und Mohn dürfen schon ihren Platz zugewiesen bekommen. Beete, die im vergangenen Jahr stark beansprucht wurden, dünge ich mit Gründünger.

Die große Zeit der Voranzucht beginnt: Salat, frühe Kohlsorten, Kohlrabi, Blumenkohl, Brokkoli, Fenchel, Lauch, Tomaten, Sellerie und Mangold, Zinnien und Löwenmäulchen, Thymian, Salbei, Oregano, Zitronenmelisse und Bohnenkraut strecken bald ihre Triebe aus der Erde. Auf dem Wochenmarkt besorge ich meine Frühkartoffeln. In einer dunklen Kiste lasse ich sie im Heizungsraum keimen. Nach den schon ausgesäten Pflänzchen schaue ich täglich, gieße sie und pikiere sie, wenn sie zu dicht wachsen.

Im Garten bereite ich weitere Beete vor, um Zwiebeln und Knoblauch zu stecken. Den Rhabarber decke ich mit einem Eimer ab; so treibt er schneller aus. Falls doch noch ein paar Topinamburknollen im Boden verblieben sind, dürfen sie dort bleiben. Sie werden neu austreiben und im Sommer strahlend gelb blühen. Junge Spargelpflanzen setze ich ebenfalls; ihre Ernte kann aber erst in drei Jahren beginnen. Bis Ende März können noch Bäume und Gehölze gepflanzt werden. Die Hagebutten und abgefrorene Zweige der Rosen schneide ich ab. Meine Topfpflanzen erhalten frische Erde, und der Rasen wird zum ersten Mal abgeharkt.

Schnittlauch, Winterheckenzwiebeln, erste Wildkräuter, das Grün vom Winterknoblauch und der letzte Feldsalat bilden den Erntestart ins neue Waldgartenjahr.

APRIL

Sommerrettich, *Zucchini*, *Kürbis*, *Gurken*, *Küchenkräuter*, *Tagetes*, *Kapuzinerkresse*, erste *Sonnenblumen* und *Zinnien* werden auf der Fensterbank gezogen. *Lauch*, *Koriander*, *Ringelblumen*, *Rote Bete*, *Salat* und weitere *Sonnenblumen* werden an ihre entsprechenden Stellen im Beet gesät. Normalerweise benötigen sie keinen Frostschutz mehr.

Die ersten vorgezogenen Pflänzchen dürfen ebenfalls schon ins Beet. *Kohlrabi* und *Rauke* sind sehr robust und halten auch noch kühlere Temperaturen in der Nacht aus. Ich stelle sie vor dem Auspflanzen zwei bis drei Tage lang immer wieder raus; so härten sie ab und nehmen mir den Wechsel vom warmen Zimmer ins kühle Beet nicht übel.

Kartoffeln, *Steckzwiebeln*, *Schalotten*, *Knoblauch* und *Spargel* werden an Ort und Stelle gesetzt. *Knollenfenchel* setze ich im Frühbeet aus; in milderen Regionen wächst er auch im Freiland.

Der April gehört zu den wichtigsten Pflanzzeiten. *Beerensträucher* und *Rosen* können nun gepflanzt werden.

Noch immer gibt es *Spinat*, der geerntet werden möchte. An frischem Gemüse stehen aber schon *Rucola*, *Radieschen*, *Kräuter*, das Grün vom *Winterknoblauch* und *Rhabarber* im Beet bereit.

MAI

Weiterhin ziehe ich Kohlrabi nach, damit die Ernte über mehrere Wochen sicher ist; dazu kommt nun die Steckrübe. Salat, Möhren, Rote Bete, Kohlarten, Rettich und Sonnenblumen dürfen ebenfalls noch ausgesät werden, und ab Mitte Mai wollen auch die empfindlichen Bohnen in die Erde. Sie werden nur leicht mit Erde bedeckt, sodass sie »die Glocken noch läuten hören können«.

Langsam füllen sich die Beete mit der ersten Tracht. An geschütztem Ort werden Tomaten, Zucchini, Kürbis, Basilikum und Paprika ausgepflanzt. Petersilie, Mangold, Rittersporn und Gurken brauchen keinen besonderen Schutz mehr. Noch immer ist es Zeit, Kartoffeln zu setzen. Auch Lauch, Kohl, Fenchel, Sellerie und Steckzwiebeln wandern weiterhin in die Beete hinaus.

Selbst wenn der Garten schon wunderbar grün ist: Nachts kann es immer noch sehr kalt werden. Notfalls müssen die Beete noch einmal mit einem dünnen Vlies abgedeckt werden.

Der Erntekorb ist schon gut gefüllt. Vor allem mit Radieschen, Spinat, Salat, Rucola, Frühlingszwiebeln, Kräuter, Winterknoblauch und Rhabarber.

NOTIZEN:

JUNI

Um auch später im Herbst noch reichlich Gemüse zu ernten, werden Kohlrabi und Winterrettich weiterhin vorgezogen. Viel mehr Aktivität findet nun aber in den Beeten statt. Dort reihen sich Salate, Kohlrabi, Gurken und Sellerie mittlerweile dicht aneinander.

Immer wieder mulchen, notfalls Unkraut jäten und kontrollieren, ob der Boden genug Feuchtigkeit hält! Risse im Boden deuten auf ausgetrocknete Stellen hin. Diese bedecke ich mit Grasverschnitt.

Jetzt beginnt die ganz große Erntezeit. Kräuter, Frühmöhren, Salat, Mangold und Kohlrabi werden zum ersten Mal aus den Beeten geholt. Die ersten dicken Bohnen sind ebenfalls erntefertig. **Achtung bei der Verwertung:** Bohnen müssen ein bis zwei Minuten in heißem Wasser gekocht werden, da sie sonst giftig sind. Erdbeeren, Johannisbeeren und Rhabarber werden auch geerntet. Ab Ende des Monats kannst du wunderschöne Rosensträuße binden.

TIPP: Lass im Beet immer wieder **einige Pflänzchen blühen;** das verschönert deinen Gemüsegarten ungemein. Langsamer wachsende Pflanzen lasse ich ebenfalls gerne stehen und gebe ihnen die Möglichkeit zu blühen, so bereichern sie zwar nicht den Salat oder das Nudelgericht, aber den Anblick meines Gartens! Und schließlich stellen die kleinen Nachzügler meine Ernte im nächsten Jahr sicher.

JULI

Schnittsalat, Pak Choi, Buschbohnen, Lauchzwiebeln, Kümmel, Stiefmütterchen, Endivien und Winterrettich werden angesät. Die kleinen Steckrübenpflänzchen wandern aus der Anzuchtschale oder dem Anzuchtbeet hinaus ins Freiland.

Die Sonne scheint, es ist warm, und ich genieße meinen Garten in vollen Zügen. Achte auf ausreichend **Feuchtigkeit**, genügend Mulch auf den Beeten und rücke dem **Unkraut** auf die Pelle, wenn es sich ausbreitet. Bei den Kohlarten und dem Lauch muss die Erde angehäufelt werden. Vielleicht braucht dein Kirschbaum auch einen Vogelschutz, damit neben den Vögeln auch du etwas von den leckeren Früchtchen hast. Die Tomaten werden ausgegeizt (man bricht die Seitentriebe aus den Achseln aus, um Haupttrieben und Blütenständen keine Kraft wegzunehmen). Auch die Ableger der Erdbeeren können abgezwickt und an neuer Stelle wieder eingepflanzt werden.

Brennnesseljauche, andere **Jauchen und Tees** stärken meine Pflanzen für die nächste Jahreshälfte.

Wir **mähen** unsere Wiese.

Frühkartoffeln, Salat, Möhren, Brokkoli, Zwiebeln, Erbsen, Gurken und Küchenkräuter bereichern nun unseren Speiseplan. Kirschen und Stachelbeeren sind erntereif, und die schönsten Blumensträuße lassen sich direkt im eigenen Garten binden.

AUGUST

Karotten, *Feldsalat*, *Spinat*, *Winterpostelein* und *Mairübchen* werden für die Herbst- und Winterernte in die Beete gesät. Auf den abgeernteten Beeten wird **Gründünger** aufgebracht.

Neue *Erdbeerpflanzen* werden ins Beet gepflanzt; dazu verwende ich die jungen Triebe. Ich koche viel **Marmelade und Kompott** ein und wende den **Komposthaufen.**

Zucchini, *Tomaten*, *Paprika*, *Erbsen*, *Bohnen*, *Salat*, *Mangold*, *Kohl*, *Zwiebeln*, *Sommerlauch*, *Möhren*, *Rote Bete* und *Kartoffeln* werden aus den Beeten geholt.

Himbeeren, *Brombeeren*, *Heidelbeeren*, *Zwetschgen*, *Aprikosen*, *Mirabellen* und *Pfirsiche* leuchten an den Ruten und Zweigen und wollen ebenfalls geerntet werden.

NOTIZEN:

....

....

....

....

....

....

....

SEPTEMBER

Spinat und Duftveilchen werden für die Winterernte und das Frühjahr ins Beet gesät.

Weiterhin koche ich **Marmelade und Kompott**, wecke und friere ein und dörre das Obst aus dem Garten. Frische Erdbeerbeete können noch angelegt werden. Knoblauch, Winterheckenzwiebeln und Blumenzwiebeln werden gesteckt.

Abgeerntete Beete bestreue ich mit Gründünger und/oder Kompost. Matschiges, herabgefallenes Obst verteile ich auf den leeren Beeten als Dünger. Rosen-, Obst- und Wildgehölze werden gepflanzt. Auch wenn der Garten zum Teil sehr unordentlich erscheinen mag, lasse ich **herabgefallenes Obst** liegen. Alles, was noch blühen will, darf stehen bleiben. Das Verschneiden der Stauden verschiebe ich auf das Frühjahr, denn Bienen und andere Tiere freuen sich über Nektarquellen und die holzigen Staudenstängel, die häufig als Winterquartier dienen.

Der Abschied vom Sommer fällt mit einer so reichen Ernte nicht schwer. Kartoffeln, Tomaten, Paprika, ein paar letzte Gurken und Zucchini, Kürbisse, Brokkoli, Kohlrabi, Kohl, Lauch, Möhren, Salat, Rote Bete und Bohnen füllen den Tisch. Haselnüsse werden eingesammelt. Sie werden getrocknet und können in den Wintermonaten gegessen werden. Wenn du sie liegen lässt, freut sich das Eichhörnchen darüber. Leuchtende Zwetschgen, Trauben und Birnen kündigen den Herbst an.

OKTOBER

Feld-, Asiasalat und Spinat werden im Winterbeet ausgesät. Was davon nicht gegessen wird, harke ich im Frühjahr als organischen Dünger unter die Erde. Wintersteckzwiebeln und Winterknoblauch stecke ich unter Obstbäume und Himbeeren. Wird ein Platz im Beet frei, säe ich auf ihm **Gründünger** aus.

In meiner Küche brodelt es. Immer noch wird viel **Marmelade und Kompott** eingemacht. Lagerfähige Äpfel staple ich in Steigen an einem kühlen Ort. Das Fallobst sammle ich ein und verteile es auf den leeren Beeten, die ich mit Mist und Kompost versorge. Beerensträucher, Rosen und Wildhecken werden gepflanzt. In Jahren mit einer später einsetzenden Ernte setze ich erst jetzt die Erdbeerpflanzen um. Bricht der Winter früh ein, müssen **Kübelpflanzen** winterfest gemacht werden. Die Wiese wird zum letzen Mal **gemäht**.

Alles, was im Sommer gewachsen ist, kann noch immer geerntet werden. Kohl und Salat, Sellerie, Lauch und Möhren, Mangold und Kartoffeln erfreuen mein Gärtnerinnenherz. Himbeeren, Feigen und Kiwis reifen weiterhin heran, und dank der ersten kräftigeren Windböen können erste Walnüsse und Esskastanien vom Boden aufgesammelt werden. Wir ernten unsere Äpfel und bringen sie zur Kelterei. Auch Birnen, Pflaumen und Quitten können geerntet werden.

Feigenbäume

So sehr es uns im Italienurlaub jedes Mal dazu verleitet, einen Feigenbaum von dort mitzunehmen: Sie vertragen das kühle Wetter bei uns in Bayern nicht. Wie erwähnt gibt es aber Feigen (Bayerische Feige), die an das hiesige Wetter gewöhnt sind. Sie wachsen sehr schnell und gewähren eine sichere Ernte.

NOVEMBER

In unserer Küche wachsen wieder Kresse und Keimsamen auf der Fensterbank. Spinat und Asia-Salat können noch im Frühbeet oder Gewächshaus ausgesät werden. Guter Heinrich, Schlüsselblumen und Feldsalat freuen sich über den ersten Frost, weil sie nun erst keimen. Sie können fürs Frühjahr im Freiland ausgesät werden. Noch werden Winterknoblauchzehen gesteckt.

Der Waldgarten wird nun **winterfest** gemacht. Dahlienknollen können nicht in der Erde bleiben; sie überwintern in einem Sandeimer in der Garage. Meine Topfpflanzen ziehen von der Terrasse in die Garage um; einjährige Pflanzen entferne ich aus den Blumentöpfen. Leere Blumentöpfe überwintern bei mir im Freien. So dienen sie allerlei Tierleben als Unterschlupf in kalten Nächten. Die Gartengeräte verstaue ich an trockener Stelle, und das Gewächshaus wird geleert. Für den nächsten Frühling setze ich Blumenzwiebeln in die Beete, teile Kräuter und Stauden und suche nach neuen Plätzen für sie. Auch Obst- und andere Gehölze pflanze ich, noch ehe der Winter Einzug hält.

Kiwis, Hagebutten, Topinambur, Schwarzwurzeln, Pastinaken, Rote Bete, Spinat, Radicchio, Feld- und Asiasalat wollen geerntet werden. Auch Kohlrabi, Lauch und Kohl stehen noch im Beet und warten darauf, dass ich sie herausziehe. Letzte Kartoffeln müssen ausgegraben werden, und auch späte Äpfel werden nun frostsicher eingelagert.

Teilen von Stauden und Kräutern
Stauden und Kräuter können auch noch im Frühling geteilt werden, allerdings blühen sie dann in diesem Jahr nicht so üppig. Darum teile ich sie bereits im Herbst. So haben sie genügend Zeit, sich an ihren neuen Ort zu gewöhnen, und können im kommenden Jahr mit voller Kraft neu austreiben.

DEZEMBER

Kresse und **Keimsamen** wachsen in unserer Küche weiter auf der Fensterbank und im Kresseglas.

Die letzten Gartenarbeiten werden verrichtet. Dafür säubere ich meine **Geräte**, repariere sie gegebenenfalls und fette sie ein, damit sie über den Winter hinweg nicht rosten. Wasserbehälter wie Gießkannen und die Regentonne werden geleert.

Meine **Artischocken** decke ich leicht mit Gras und Tannenzweigen ab. Solange es milde Temperaturen hat, schütze ich sie nicht; so härten sie besser ab. **Beerensträucher** und **Bäume** können bei milden Temperaturen noch gepflanzt werden.

Postelein, Spinat, Feldsalat, Lauch, Topinambur, Asiasalat und letzte **Kohlpflanzen** sorgen für eine mollig warme Winterküche.

Obstbaum verschneiden
Ich verschneide meine Obstbäume erst im Februar, wenn die Temperaturen wieder steigen. So vermeide ich, dass frische Schnittflächen erfrieren. Genauso verfahre ich mit Lavendel, Rosen und Hortensien.

Ein Garten für alle

Die Beanspruchung von Landstücken, die alleinige Bewirtschaftung oder besser gesagt die alleinige Entscheidungshoheit über ein Stück Land, darüber zu entscheiden, was darauf geschieht, ob es brach liegt, in Monokultur bepflanzt wird, ob ein wachsender Wald darauf abgeforstet wird – all diese Dinge sind für uns ganz normal. Ob das aber tatsächlich alles so sein muss, stellen wir viel zu selten infrage, und wir wagen auch nicht den Blick zu anderen Kulturen, in denen die gemeinsame Bewirtschaftung und Pflege von Landstücken Gang und Gäbe ist.

Wir Menschen sind meist zu egoistisch, um freigiebig mit unserem Eigentum umzugehen. Zugleich ist Landteilung höchst ungerecht, da nicht jeder Mensch ein Stück Land besitzt, auf dem er tun und lassen kann, was er will. Im Zuge des Klimawandels wird es in den kommenden Jahren immer mehr Flächen geben, die nicht mehr nach den gewohnten Anbaumethoden bewirtschaftet werden können. Zugleich wird aber die steigende Bevölkerungszahl mehr Nahrung erforderlich machen. Wie wollen wir das schaffen in einer Ich-Gesellschaft, in der das Wohl der anderen ausgeblendet wird?

Grundstück-Sharing auf regionaler- und überregionaler Ebene muss in naher Zukunft das Motto werden, wenn wir ein lebenswertes Leben für alle Menschen auf diesem Planeten erwirken wollen – gemeinsame Gärten, die viele ernähren, in denen sich viele ausruhen können und in denen viele gemeinsam die Verantwortung für das tragen, was sie darin tun. Für eine naturschonende, zukünftige und effiziente Flächennutzung müssen wir unsere Stacheldrähte einreißen und gemeinsames Leben und Arbeiten zulassen.

Das Saatgut

Saatgut- und Staudentausch: Alte Sorten erhalten und fördern

Sharing und Wiederverwertung gewinnen auch im Waldgarten mehr und mehr an Bedeutung. Damit meine ich weniger das Ausleihen von Werkzeugen und Nutztieren, die man sich natürlich durchaus ausleihen kann und für die es auf lokaler Ebene bereits eine Reihe an Anbietern gibt, sondern vor allem den Tausch und die Abgabe von überschüssigem Saatgut, Stauden oder zum Beispiel auch von überschüssigen Ernteerträgen. Im Vordergrund steht dabei ein gemeinsames Gärtnern, in dem mit den Ressourcen der Natur schonend und nachhaltig umgegangen wird. Über diese Trendwende, die eine engere Zusammenarbeit anstrebt, um gemeinsam einen bedeutenden Beitrag für Tier- und Naturschutz leisten, freue ich mich natürlich sehr.

Tauschen für die Vielfalt

Saatgut- und Staudenbörsen bieten dir die wunderbare Gelegenheit, genauso rote Kirschen zu ernten, wie dein Nachbar es schon seit Jahren tut. Sie fördern die Kommunikation unter den Gartenliebhabern und ermöglichen einen Erfahrungsaustausch über die lokale Ebene hinaus. Zugleich sorgt eine solche Börse für den Erhalt und die Verbreitung alter und für bestimmte

Regionen besonders gut angepasster Sorten, die wiederum eine sicherere Ernte garantieren. Saatgut- und Staudentausch sind natürlich längst kein Geheimtipp mehr. Sogar in botanischen Gärten oder auf Flohmärkten treffe ich immer häufiger auf Menschen, die sich als Gartenliebhaber outen, denen ich Minze oder Schnittlauch für meine Blumenkästen und Beete abnehmen kann, die Kapuzinerkresse- oder Ringelblumensamen in schönen Tütchen abgepackt verkaufen. Häufig entstanden so schon wunderbare neue Kontakte und Freundschaften, die ich nicht mehr missen möchte. Gerade in der biologischen Landwirtschaft gibt es außerdem Zusammenschlüsse von Gärtnern, die ihr Saatgut auf gemeinsamen Plattformen zum Kauf anbieten. Saatgut, das ich in der Nachbarschaft nicht finde, bestelle ich zum Beispiel bei *Dreschflegel* oder *Samenfest*.

Stärken durch Teilung

Stauden wollen regelmäßig geteilt werden. Pfingstrosen, Lilien, Margeriten, Frauenmantel und Fetthenne – sie alle können neue Kraft schöpfen, wenn sie im Herbst oder spätestens im Frühjahr mit einem gezielten Spatenstich geteilt werden. Bei mir begann es genauso: Anfangs habe ich die geteilten Stauden an einer anderen Stelle im Garten wieder eingesetzt, doch irgendwann wurden die freien Plätze immer knapper, und so kam es zu meiner Tauschkarriere.

Schau dich in deiner Nachbarschaft um, ob es so eine Tauschbörse schon gibt. Falls nicht: Um sie selber ins Leben zu rufen, braucht es nicht viel. Schon dein Freundeskreis dürfte genügen, damit ihr euch gegenseitig mit den unterschiedlichsten Stauden und Samen für Tomaten, Salat, Erbsen, Zucchini und Blumen versorgen könnt. Bei uns bietet sogar die Bücherei eine Saatgutbörse an, bei der man im Tauschverhältnis 1:1 anderes Saatgut erhält. Wenn deine Bücherei das auch schon macht, super, wenn nicht, so wartet man dort vielleicht auf deinen Tipp.

Allgemeine Worte zum Saatgut

Saatgut sollte nur im Notfall im herkömmlichen Gartencenter besorgt werden. Zum einen gibt es dort nur eine geringe Auswahl an Pflanzensorten – lass dich von der Vielzahl an Samentüten nicht täuschen und sieh dich zum Vergleich auf den von mir angegebenen Internetseiten um –, außerdem bieten sie nur ein begrenztes Sortiment an biologischem Saatgut an.

Biologisches Saatgut hat viele Vorteile. Grundsätzlich ist es frei von Schadstoffen, denn bei der Mutterpflanze kamen weder chemische Pflanzenschutzmittel noch künstlicher Dünger zum Einsatz. Auch Schädlinge wurden hier nur mit natürlichen Mitteln bekämpft. Zudem wird das Saatgut nach der Ernte nicht chemisch behandelt. Man bezeichnet es deshalb als samenfest.

SAMENFEST bedeutet, dass eine Pflanze wieder eigene Samen produziert, die im folgenden Jahr erneut für die Aussaat verwendet werden können. Das heißt, die Pflanze ist selber in der Lage, sich zu vermehren. In der biologischen Landwirtschaft ist die Verwendung von samenfestem Saatgut üblich.

Anders ist es bei herkömmlichen Samen. Ihre Mutterpflanzen stammen aus speziellen Züchtungen, die einen besonders hohen Ertrag und ein gleichmäßiges Wachstum bei den Pflanzen gewährleisten sollen. Um das Saatgut länger haltbar zu machen und vor Schimmel zu schützen, wird es mit Chemikalien behandelt. Das ist aber nicht das einzige Problem für uns Gärtner: Die Pflanzen stammen meist aus Hybrid-Saatgut. Auf der Samentüte steht dann F1-Hybrid. Diese Samen können sich nicht vermehren; sie bringen keine neuen Pflanzen hervor. Und das heißt für dich als Gärtner, dass du jedes Jahr dein Saatgut vollständig neu kaufen musst. Da Nachhaltigkeit heute allerdings ohne Wenn und Aber von uns allen gelebt werden muss, sollte dem biologischen Saatgut immer der Vortritt gewährt werden.

SAATGUT SELBER VERMEHREN

Am einfachsten ist es, wenn du dein eigenes Saatgut herstellst. Du brauchst dazu nicht viel, solltest allerdings darauf achten, dass du

* biologisches Saatgut verwendest, da du nur samenfestes Saatgut vermehren kannst.
* einzelne Kräuter- und Gemüsepflanzen im Beet stehen lässt. Im Spätsommer bis Herbst werden sie blühen. Anschließend, wenn sie verblüht sind, bilden sich die Samen. Von einer Pflanze erhältst du zwischen 10 und 50 neue Samen. Du brauchst also nicht viele Pflanzen bis zur Blüte stehen lassen.
* die Samen, ehe sie vom Wind in alle Himmelsrichtungen getragen werden, einsammelst.
* die Samen lange genug trocknest, damit sie nicht über den Winter hinweg anfangen zu schimmeln. (Das funktioniert auf einer Schale auf der Fensterbank, an warmen Tagen direkt in der Sonne und bei nassen Samen wie Tomaten- und Zucchinisamen auf einem Blatt Küchenrolle.)
* die Samen, wenn sie trocken sind, in einzelne Tütchen abfüllst und beschriftest. So kannst du sie bis zum Frühling aufbewahren.

Natürliche Nist- und Futterplätze für Wildtiere

INZWISCHEN WIRST DU bemerkt haben, dass ich meinen Waldgarten nicht nur für mich und meine Familie angelegt habe. Er soll zugleich auch immer ein Ort sein, an dem sich Tiere wohlfühlen, wo sie Schutz vor Wind und Regen finden sowie Nistplätze, in denen sie vor Räubern (zu denen leider auch Katzen und Eichhörnchen gehören) in Sicherheit sind. Zu manchen Zeiten glaube ich sogar, dass das Obst und Gemüse, das ich aus meinem Garten hole, nur ein Nebenprodukt ist. Bienen, Schmetterlinge, Vögel, Hasen und Igel haben in meinem Garten ein sicheres Zuhause gefunden, in dem sie jeden Tag eine reich gedeckte Tafel vorfinden.

Um so eine Schutzzone zu schaffen, braucht es gar nicht viel. Sträucher, die im Frühling und Sommer blühen und die im Herbst dekorative Beeren tragen, machen den Anfang. Als Kind liebte ich es, bei unserem Nachbarn im Garten unter den gewaltigen Ranunkel- und Schneeballsträuchern zu sitzen und mich in ihnen zu verstecken. Ich liebte das sonnige Gelb der zarten Ranunkelblüten und die erst grünen und dann weißen Schneebälle, die von Tag zu Tag größer wurden, bis ich sie schließlich nicht mehr mit meinen Kinderhänden umschließen konnte. Daneben stand ein hoher Holunderstrauch, aus dessen Zweigen wir Kinder uns Strohhalme bastelten, indem wir das weiche Innere herausdrückten. Diese Sträucher waren unser Spielplatz. Oft hörten wir es in ihnen rascheln, weil eine Maus, ein Vogel oder ein anderes Tier sie ebenfalls für sich entdeckt hatte, sich darin ein Nest baute oder den Vorrat für den Winter aufstockte.

TIPP: Ergänzen lässt sich eine solche Hecke noch durch Sanddorn, Schlehe, Spiree, Apfelrose und Weißdorn.

STRAHLENDE BLÜTENPRACHT AUF ZEIT

Was wäre das Waldgartenjahr aber ohne die einjährigen Blumen, die alles noch bunter erscheinen lassen? Sonnenblumen, Wicken, Zinnien und Kapuzinerkresse, Löwenmäulchen, Ringel- und Strohblumen, Kamille, Tagetes, Kornblumen und Mohn ziehe ich früh im Jahr auf der Fensterbank vor und setze sie so bald wie möglich unter Vlies ins Freiland. Das Gute an einjährigen Blumen ist, dass sie sehr anspruchslos sind, was den Boden angeht, solange man sie an ein sonniges Plätzchen pflanzt.

Um schon möglichst früh im Jahr von bunten Blüten im Garten begrüßt zu werden, setze ich im Herbst Zwiebelblumen wie Tulpen, Hyazinthen, Krokusse und Narzissen unter Sträucher und auf der Wiese. Anemonen und Ranunkeln müssen im Frühjahr im Warmen vorgezogen werden und kommen im März ins Freiland. Eine Decke aus Tannenzweigen erhöht im kommenden Herbst die Wahrscheinlichkeit, dass sie den Winter gut überstehen und im nächsten Jahr wieder zeitig austreiben. Ebenfalls im Frühjahr, wenn es keinen Bodenfrost mehr gibt, werden die Dahlien-Knollen ausgesetzt. Dahlien gehören meines Erachtens zu den anspruchsvollsten Sommerblumen. Sie brauchen leicht sandigen Boden, da sie keine Staunässe vertragen. Bei Schnecken stehen sie ganz oben auf der Liste der Lieblingsspeisen. Darum aufgepasst! Und im Herbst müssen sie rechtzeitig aus der Erde genommen werden, da sie keinen Frost vertragen. Überwintern kann man sie an einem kühlen aber frostfreien Ort in einem Eimer mit Sand.

	Äpfel	Birnen	Frauenmantel	Rosen

Pflege	In kleinen Gärten sollten unbedingt Spindelbüsche oder Spalierbäume gepflanzt werden. Auf humusreichen Böden mit etwas Lehm gedeihen sie am besten.	In kleinen Gärten sollten auch bei der Birne Spindelbüsche oder Spalierbäume gepflanzt werden. Birnbäume wurzeln tiefer als Apfelbäume und freuen sich darum über warme, leichte Böden.	Unkomplizierte Staude ohne große Ansprüche. Blütezeit: Mai-August	Als echte Sonnenanbeterinnen brauchen Rosen einen sonnigen und trockenen Standort. Man lässt sie am besten einfach wachsen und schneidet sie nur da zurück, wo sie einen stören. Viele Sorten blühen mehrmals, wenn man die vertrockneten Blüten regelmäßig abschneidet. Als Dünger genügt Kaffeesatz.
Sorten	Es gibt eine Vielzahl an neuen Züchtungen und jede Menge alte Sorten. Vor allem unterscheiden sie sich in ihrem Geschmack und ihrer Lagerfähigkeit.	Wie bei den Apfelbäumen gibt es viele verschiedene Birnbäume, die du dir in den Garten pflanzen kannst. Achte bei der Wahl auf die Wuchsart und die regionalen Vorgaben. Die meisten Sorten sind nicht sehr lagerfähig.	Gewöhnlicher Frauenmantel (Alchemilla vulgaris), 50 cm hoch. Weicher Frauenmantel (Alchemilla mollis), bevorzugt lehmigen Boden. Silberner Frauenmantel (Alchemilla hoppeana), 15 cm hoch	Es gibt unzählige Sorten von Rosen: Englische Rosen mit betörendem Duft, Zwergrosen, die sich als bunte Bodendecker eignen, Strauchrosen, Kletterrosen und Ramblerrosen. Die klassische Beetrose ist am anspruchsvollsten, da sie im Herbst zurückgeschnitten werden will. Sie blüht meist nur einmal und duftet nicht.
Ernte	Mit den Klaräpfeln im Juli beginnt die Ernte und dauert bis Ende Oktober.	Von August bis Ende Oktober wird geerntet.	Blüten und Blätter lassen sich zu Tee trocknen oder frisch im Salat verzehren.	Ab Juni blühen Rosen bis in den Herbst und frühen Winter hinein. Die Rosenblüten können für Sirup oder Tee verwendet werden.

	Hortensien	Lavendel	Pfingstrosen	Phlox

Pflege	Sonne auf den Blättern und feuchte Füße im Schatten: So mag es die Hortensie am liebsten. Bis auf das Abschneiden von vertrockneten Dolden im Frühjahr sollte die Hortensie nicht geschnitten werden.	Direkte Sonne den ganzen Tag mag der Lavendel am liebsten. Ansonsten gehört er zu den anspruchslosen Gewächsen im Garten. Damit er jedes Jahr reichlich blüht, muss er im Herbst kräftig zurückgeschnitten werden, sodass er nicht verholzt.	Sie werden bis zu 1 m hoch und bevorzugen einen lehmigen Boden und einen sonnigen Standort. Verrotteter Mist und Kompost fördern das Wachstum erheblich.	Leichte Böden lassen den Phlox am besten gedeihen. Unbedingt sollte Staunässe vermieden werden.
Sorten	Es gibt Rispen-, Bauern-, Kletter-, Samt- und Topfhortensien.	Die meisten Lavendelarten in unseren Gärten sind klein. Darunter fallen Echter Lavendel (Lavandula angustifolia), Zahn-Lavendel (Lavandula dentata), Speik-Lavendel (Lavandula latifolia) und Schopf-Lavendel (Lavandula stoechas). Für das echte Frankreichgefühl solltest du den »Provence-Lavendel« (Lavandula x intermedia) pflanzen. Er blüht reichlich und braucht viel Platz, denn er wächst im 180°-Radius und wird über 1 m hoch.	Pfingstrosen gibt es in allen erdenklichen Pink- und Rottönen sowie in Weiß.	Phlox blüht je nach Sorte im Sommer bzw. Herbst. Farblich gibt es ihn in den Farben Pink, Rosa, Violett, Blau, Weiß und auch zweifarbig.
Ernte		Die Blüten können den ganzen Sommer über geerntet werden.		

	Vergissmeinnicht	Akelei	Christrosen	Chrysanthemen

Pflege	Sie gelten als sehr pflegeleicht, da du bei ihnen nur darauf achten musst, dass der Boden um sie herum nicht vollständig austrocknet. Sie bevorzugen einen sonnigen bis halbschattigen Standort. Am schönsten wachsen sie in Gruppen. Nach der Blüte säen sie sich selber aus.	Feuchter, humusreicher Boden gefällt der Akelei am besten. Nach der Blüte werden die langen Stängel abgeschnitten, sodass nur noch die grünen Blätter übrig sind.	Humusreichen Boden benötigt die Christrose, sowie eine Düngung mit Steinmehl und Kompost. Sie bevorzugt einen schattigen Standort.	Einen sonnigen, geschützten Ort ziehen sie auf lehmigem, humusreichem Boden vor. Am besten pflanzt man sie im Frühjahr, sodass sie in Ruhe über den Sommer hinweg Wurzeln schlagen können. Wenn sie regelmäßig geteilt werden, wachsen sie üppiger. Im Winter werden sie sicherheitshalber mit Tannenzweigen abgedeckt.
Sorten	Es gibt das bekannte Waldvergissmeinnicht und Sumpfvergissmeinnicht. Immer häufiger sieht man auch bei uns das Kaukasusvergissmeinnicht. Das Himmelblau des Vergissmeinnicht ist am bekanntesten; es gibt sie aber auch in rosa und weiß.	Ursprünglich war Akelei ähnlich blau wie Rittersporn. Inzwischen gibt es auch weiße, violette, rote, gelbe und rosa Sorten.	Christrosen wachsen meist dann, wenn andere Blumen schon längst verblüht sind, da sie ihre Blüten erst bei Kälte ausbilden. Am schönsten blühen sie von November bis Februar. Einige Sorten blühen noch bis April.	Crysanthemen findest du in sämtlichen Violett-, Rosa-, Orange- und Beigetönen. Es gibt sie als niedrige Bodendecker oder auch als 1,20 m hohe Stauden. Sie blühen von August bis November.

	Iris	Nelken	Rittersporn	Schafgarbe

Pflege	Schwertlilien benötigen einen durchlässigen Boden und einen sehr sonnigen Platz. Die Wurzeln werden beim Pflanzen nur ganz leicht mit Erde bedeckt. Liegt den Schwertlilien der Standort, vermehren sie sich von ganz alleine.	Ein sonniges Plätzchen und keine Staunässe sorgen für ein üppiges Wachstum bei Nelken. Ansonsten sind diese Blumen sehr anspruchslos.	Ein humusreicher Boden und regelmäßiges Düngen mit frischem Kompost sichert die großen Blüten am Rittersporn. Im Sommer hin und wieder mit Brennnesseljauche gießen. Um von einer zweiten Blüte erfreut zu werden, schneidet man die ersten Triebe nach dem Verblühen der Blüten auf 10 cm zurück.	Volle Sonne und keine Staunässe bevorzugt die Schafgarbe. Ansonsten hat sie keine Ansprüche.
Sorten	Taglilien wachsen in Büschen. Anders als die Schwertlilien vertragen sie auch schattigere Standorte. Schwertlilien und Taglilien bieten sich gleichermaßen im Garten an. An Farbvarianten sind ihnen keine Grenzen gesetzt.	Neben den einjährigen Nelken, die im Frühjahr ausgesät werden müssen, gibt es folgende Stauden: Bartnelken, Pechnelken, Vexiernelken.	Schnecken lieben Rittersporn ebenso wie wir; darum rechtzeitig etwas gegen sie unternehmen. Stauden-Rittersporn gibt es in verschiedenen Höhen und in sämtlichen Violett- und Rosatönen sowie in Weiß.	Schafgarbe ist nicht mehr nur weiß. Mittlerweile gibt es sie auch in gelben und rosa bis roten Farbtönen. Je nach Sorte wird die Staude zwischen 50 cm und 120 cm hoch.

BLÜTENGEMÜSE

LAUCHGEMÜSE

	Artischocken	Blumenkohl	Bärlauch	Lauch

Anbau	Sehr einfach im Anbau und dekorativ im Beet ist die Artischocke. Die Aussaat beginnt im März auf der Fensterbank. Ab Mai kann die junge Pflanze ins Beet gesetzt werden. Deckt man sie im Winter mit Stroh und Tannenzweigen ab oder überwintert sie im Keller, treibt sie im kommenden Jahr wieder aus. Braucht einen sehr sonnigen Standort und wird im Abstand von 50x50 cm gepflanzt. Damit sie nicht an Kraft verliert, erhält sie im Herbst organischen Dünger.	Blumenkohl hat dieselben Ansprüche wie Brokkoli und alle anderen Kohlarten. Die Aussaat beginnt im März unter Glas. Im April und Mai kann die Spätsaat direkt in die Beete gesät werden. Damit die Köpfe schön weiß bleiben, sollten sie vor der Sonne geschützt werden. Neben dem typischen weißen Blumenkohl gibt es heute auch violette, grüne und gelborange Züchtungen. Auch der Romanesco zählt zum Blumenkohl.	An einem schattigen bis leicht sonnigen Platz fühlt der Bärlauch sich am wohlsten. Im Frühjahr wird er ins Beet gepflanzt und mit Kompost gedüngt. Jahr für Jahr wird die Ernte größer.	Ab März kann er für die Sommerernte im Frühbeet ausgesät werden und ab Mai ins Beet umziehen. Für die Winterernte wird er noch einmal im Juni ausgesät und kann bis August noch versetzt werden. Pflanzenjauche, Kompost und Brennnesselbrühe sorgen für gutes Wachstum.
Sorten	Es gibt Pflanzen mit vielen kleinen Blüten und welche, an denen nur einzelne große wachsen. Große Früchte: Green Globe und Imperial Star Mehrere kleine Früchte: Violetto di Chiogga und Vert de Provence	Weißer Blumenkohl: Alpha, Walcheren Winter, Erfurter Zwerg, Neckarperle, Tabiro, Herbstriesen Violetter Blumenkohl: Grafitti, Di Sicilia Violetto Grüner Blumenkohl: Marches Green		Herbstlauch: Siegfried Winterlauch: Blaugrüner Winter, Winterriese, De Carentan, Links vor rechts
Ernte	Von Juli bis September werden die Blüten geerntet. Dass sie reif sind, erkennt man an den violetten Spitzen.	Üblicherweise erntet man von Juli bis August. Bei später Aussaat kann noch bis in den Oktober hinein geerntet werden.	Als eine der ersten frischen Kräuterarten wird Bärlauch bereits ab März geerntet. Auch die Blüten können verzehrt werden.	Der Lauch verbleibt in den Beeten bis zur Ernte.

	Schnittlauch	Blattspinat	Gartenmelde	Mangold

Anbau	Braucht keinen eigenen Platz, kann als Lückenfüller und Randbepflanzung dienen. Direktsaat ab Mitte März an Ort und Stelle oder in Anzuchtschalen. Zwischen Erdbeeren und Möhren gedeiht er am besten. Wenn die Wurzeln im Herbst nicht aus der Erde entfernt werden, kommt er im nächsten Jahr wieder.	Im Herbst und Frühjahr wird der Spinat ausgesät. Als Dünger genügt Kompost, Mulch und Steinmehl. Die Spinatpflänzchen nicht zu dicht setzen. Reihenabstand 20-25 cm.	Diese alte Spinatsorte kann auch als Lückenfüller ausgesät werden; bei milder Wetterlage sogar schon im Januar.	Blatt- und Rippenmangold werden im April ausgesät. Im Herbst zuvor wurde das Beet mit Kompost und Mulch gedüngt. Um Mangold im Beet zu überwintern, sät man ihn bis Juli erneut aus.
Sorten	Fine Leaf, Medium Leaf, Broad Leaf, Altai Schnittlauch (wird groß und kräftig), Kantenlauch (alte Würzpflanze mit frühem Blattaustrieb).	Herbst- und Frühlingsanbau: Butterfly, Matador, Monnopa, Winterriesen, Quedlinburger Fortschritt	Grüne, rote, gelbe und violette Melde.	Blattmangold: Lucullus Stielmangold mit buntem Stiel: Bright lights, Rhubarb Chard, Bright Yellow
Ernte	Ab März/April, ab dem zweiten Jahr. Ernte bis in den Herbst. Auch die Blüten können verzehrt werden.	Die kleinen grünen Blätter werden so lange geerntet, wie sie frisch im Beet zu finden sind, und lassen sich einfrieren.	Sobald sie 20 cm hoch ist, können ihre Blätter den ganzen Sommer über geerntet werden.	Den ganzen Sommer über hinweg werden die äußeren Blätter geerntet.

	Knollensellerie	Möhren	Radieschen und Rettich	Rote Bete

Anbau	Der Sellerie ist das Schwergewicht unter den Wurzelgemüsen. Bereits im Herbst muss sein Beet mit Kompost, Asche und tierischem Dünger vorbereitet werden. Ab März wird er auf der Fensterbank vorgezogen und erst nach den Eisheiligen im Mai ins Freiland gesetzt. Während des Wachstums ist es wichtig, dass er nicht im Trockenen steht. Nötig ist darum eine Mulchschicht, die am besten aus Farnblättern besteht, da diese Kali enthalten.	Anders als bei allen anderen bisher beschriebenen Gemüsesorten wird die Karotte nie mit frischem Mist gedüngt, sondern mit Gründünger im Herbst eingesät. Im Frühling kann zusätzlich mit Holzasche gedüngt werden. Möhren brauchen einen sandigen, lockeren und humusreichen Boden. Sie keimen nur sehr langsam, weswegen ich vereinzelt Radieschen mit einsäe, da diese schneller keimen und so im Beet zu erkennen ist, wo einmal die Möhren wachsen werden. Wenn das Grün 3–5 cm hoch ist, verzieht man die Pflänzchen auf einen Abstand von 2–3 cm.	Radieschen und Rettich brauchen ein mit Kompost gedüngtes Beet, das regelmäßig feucht gehalten wird. Ansonsten sind die Pflanzen unkompliziert und wachsen schnell. Ab Februar können Radieschen und Rettich unter Vlies ausgesät werden. Wenn von März bis Ende Juni alle 14 Tage Radieschen ins Beet gesät werden, kann man sie den ganzen Sommer hindurch ernten. Wie Spinat verwende ich Radieschen gerne als Zwischensaat. Wie bei der Roten Bete können die Samen aufgrund ihrer Größe von Anfang an im richtigen Abstand ausgesät werden (hier: 3 cm).	Rote Bete gehört zu den unkomplizierten Gemüsesorten, die auch noch im Halbschatten gedeiht. Ein lockerer Boden, der im Herbst mit Gründünger eingesät wurde, sorgt für kräftige Pflanzen. Rote Bete wird ab März im Frühbeet ausgesät und ab April an Ort und Stelle im Beet. Da die Samen vergleichsweise groß sind, können sie schon im richtigen Abstand von 10 cm ausgesät werden.
Sorten	Balder (alte Sorte, sehr robust), Hochdahler Markt (mittelgroße Sorte), Prager Riese (schnellwüchsig)	Colorado (mehrfarbig), Gonsheimer Treib (frühe Sorte), Berlikumer (sehr lagerfähig)	Radieschen: Cherry Belle, Magdeburger (große Blätter, große Früchte) Rettich: Eiszapfen (weiß)	Rote Kugel, Forono (zylindrische Form), Tonda di Chioggia (im Querschnitt rotweiß geringelt), Burpees Golden (gelb)
Ernte	Ab August kann mit der Ernte begonnen werden. Bei leichtem Nachtfrost sollte man ihn mit Vlies oder Tannenzweigen abdecken.	Vom Sommer bis in den frühen Winter werden die Möhren aus der Erde gezogen.	Den ganzen Frühling und Sommer über wird geerntet und regelmäßig nachgesät.	Die runden Knollen können bereits vom frühen Sommer bis in den späten Herbst geerntet werden.

	Schwarzwurzeln	**Steckrüben**	**Stangensellerie**	**Knoblauch**

Anbau	Die Schwarzwurzel, auch Winterspargel genannt, braucht einen sehr leichten und humusreichen Boden, der am besten schon mehrere Jahre in Folge mit frischem Kompost gedüngt wurde. Schon früh im März werden die Samen ins Beet gesät und später auf etwa 10 cm verzogen.	Auf lehmigem, humusreichem Boden fühlt sich die Steckrübe am wohlsten. Darum wird ihr Beet bereits im Herbst mit frischem Kompost und Mist gedüngt. Von Mai bis Ende Juni werden die Steckrübensamen direkt ins Beet gesät. Da die Knollen viel Platz brauchen, sät man sie im Abstand von 40 cm aus und sorgt durch Mulchen dafür, dass das Beet nicht austrocknet. Während des Wachstums brauchen Steckrüben keinen zusätzlichen Dünger.	Als Starkzehrer braucht der Stangensellerie ein gut gedüngtes Beet. Hierfür bringt man im Herbst Pferdemist, Kompost und Asche aufs Beet. Ab April kann er im Freiland angezogen und später im Abstand von 35 cm in Reihen gesetzt werden. Während des Wachstums werden die Pflanzen immer wieder mit Erde angehäufelt. Das Beet regelmäßig gießen; zweimal im Jahr mit Brennnesseljauche gießen und mit Farnblättern mulchen.	In seinen Ansprüchen ähnelt er den Zwiebeln, braucht aber noch mehr Sonne. Im März/April und September/Oktober werden die einzelnen Zehen mit einem Abstand von 15 cm in die Erde gesteckt. Unter Himbeeren wächst er hervorragend. Er braucht kein eigenes Beet.
Sorten	Schwarzer Pfeffer (alte Sorte, lange haltbar), Hoffmanns Schwarzer Pfahl (alte Sorte, wenige Verzweigungen)	Wilhelmsburger, Helenor	Plein blanc Pascal	Verwende nur heimischen Bio-Knoblauch. Mitbringsel aus Italien, Kroatien, Frankreich etc. wachsen bei uns nicht.
Ernte	Im Herbst werden die Wurzeln vorsichtig ausgegraben und an einem kühlen Ort gelagert.	Steckrüben halten leichten Nachtfrost aus, weswegen sie lange im Beet bleiben können. Die Ernte beginnt meist im September.	Ab August kann er geerntet werden. Er verträgt keinen Frost.	Wann der Knoblauch erntefertig ist, erkennst du wie bei den Zwiebeln am Laub.

	Winterhecken-zwiebeln	**Zwiebeln**	**Chicorée**	**Endivien**

Pflege	Eine besondere Zwiebel, weil sie mehrjährig ist und man nur das Grün von ihr erntet. Verwendet wird sie wie das Grün der Frühlingszwiebeln. Über die Jahre hinweg nimmt der Zwiebelstrauch an Volumen zu.	Zwiebeln lieben einen lockeren Boden an einem sonnigen Platz. In Staunässe verfaulen sie. Zur Vorbereitung wird das Beet im Herbst gemulcht und mit frischem Kompost gedüngt.	Wie alle Zicchoriensalate wird er im Mai ausgesät. Mit Kompost düngen.	Sommer-Endivien werden wie Kopfsalate im Frühling ausgesät und behandelt. Winter-Endivien werden im Juni ausgesät und Anfang August vereinzelt. Mit Steinmehl und Kompost düngen.
Sorten	Braunschalige Winterheckenzwiebel (winterhart, treibt zeitig aus)	Es gibt verschiedene Zwiebelarten: Winterheckenzwiebeln, Küchenzwiebeln, Silberzwiebeln, Schalotten, Etagenzwiebeln und Frühlingszwiebeln. Man kann sie aussäen oder als kleinere Zwiebeln setzen. In ihren Ansprüchen sind sie einander gleich.	Brüsseler Witloof: Alte Sorte, die zum Treiben Deckerde benötigt. Etardo: Mittelspäte bis späte Treiberei; leckerer, reiner Chicorée-Geschmack. Schwere, feste Köpfe. Robin: Durch seine roten Triebe etwas Besonderes. Tardivo: Fast bitterfreie große, gelbgrüne Köpfe.	Große Pancalière, Wallonne, Bubikopf, Grüner Escoriol
Ernte	Durchgehende Ernte den ganzen Sommer über. Über die Jahre hinweg steigt der Ertrag.	Sobald das Zwiebellaub vergilbt und sich selber abknickt, können die Zwiebeln aus der Erde geholt werden. An einem trockenen Platz trocknen lassen.	Im Spätherbst werden die Wurzeln ausgegraben. Die Blätter werden bis zum Herz entfernt und die Wurzeln kühl in einem Eimer mit feuchtem Sand eingelagert (10–18 °C). So wachsen die weißen Chicorée-Zapfen.	Den ganzen Herbst hindurch bis in den Winter. Einige Sorten vertragen Temperaturen bis –5 °C.

	Feldsalat	Kopfsalat	Rucola	Schnittsalat

Pflege	Breitwürfig wird er als Nachkultur zum Beispiel auf Kartoffelbeeten im August/September ausgesät. Ein bisschen Kompost genügt als Dünger. Sät man später aus, wird erst im kommenden Frühjahr geerntet.	Je nachdem, wann man ihn pflanzt, sollte man auf Frühlings- bis Wintersorten zugreifen. Die Sommersorten schießen nicht so schnell. Ab April können die Samen im Beet ausgesät werden. Salate sind sehr unkompliziert.	Als unkomplizierter Kreuzblütler lässt Rucola sich einfach ab März ins Beet aussäen. Aufgrund seiner Familienzugehörigkeit sollte er nicht auf ehemalige Kohl- oder Kreuzblütler-Beete gepflanzt werden. Lässt man ihn blühen, sät er sich von alleine für das kommende Jahr aus.	Anders als Kopfsalat wird er in Reihen ausgesät, und lediglich die Blätter werden gepflückt. So wächst er regelmäßig nach. Er wird in seiner Pflege wie Kopfsalat behandelt.
Sorten	Etampes, Holländischer Breitblättriger, Verte de Cambrai, Kölner Palm	Frühe Sorten: Larissa, Lettuce cabbage, Maikönig, Viktoria, Maravilla de Verano, Regina dei Ghiacci, Rossia, Lollo Bionda, Radichetta. Mittlere Sorten: Merveille des quatre saisons, Luna, Bunte Forelle, Indianerperle, Sioux, Bolchoi, Till. Wintersorten: Baquieu, Bunter Kaufunger, Altenburger Winter, Larissa, Winter-Butterkopf.	Die Sorten unterscheiden sich hauptsächlich in ihrer Erntezeit und Größe. Wilde Rauke ist sehr ergiebig und ausdauernd. Außerdem gibt es Erdnuss-Rucola und Salatrauke.	Amerikanischer Brauner, Australischer Gele, Schwäbischer Gelber, Witte Dunsel, Gelber Krauser, Redbone, Ochsenzunge, Salad Bowl
Ernte	Vom Herbst bis ins Frühjahr jederzeit frisch aus dem Beet ernten.	Immer frisch ernten.	Bei früher Aussaat ab April durchgehend zu ernten.	Immer frisch ernten.

	Grünkohl	Spitzkohl	Chinakohl	Rosenkohl

Anbau	Im Unterschied zu den anderen Kohlarten erhebt der Grünkohl, was die Bodenpflege betrifft, keine so hohen Anforderungen und kann deswegen mit etwas frischem Kompost als 2. Tracht ins Beet gesetzt werden. Ausgesät wird er von März bis Mai und dann nach und nach bis August ins Beet gesetzt.	Wenn im Garten für die großen Sorten wie Weiß- und Rotkohl kein Platz ist, bietet sich der zierliche Spitzkohl an. Wie alle Kohlsorten gehört auch er zu den Starkzehrern und braucht ein gut gedüngtes Beet, das niemals trocken werden darf. Die Aussaat beginnt im März unter Glas und bis Ende April im Freiland. In einem Abstand von 30x30 cm wird er ins Beet gepflanzt.	Da er schnell wächst und im Sommer schnell in die Höhe schießt, wird der Chinakohl erst ab der zweiten Julihälfte als Nachsaat ins Beet mit einem Abstand von 30x30 cm eingebracht. Guano und frischer Kompost unterstützen sein Wachstum. Im Herbst wird er mit einem Folientunnel abgedeckt. Schnecken lieben ihn genauso wie wir Gärtner; darum aufgepasst!	Rosenkohl hat dieselben Ansprüche wie alle anderen Kohlarten. Die Aussaat beginnt im April. Im Mai sollten die Pflänzchen an Ort und Stelle ins Beet gesetzt werden. Damit die Köpfe schön weiß bleiben, sollten sie vor der Sonne geschützt werden. Überdüngung muss unbedingt vermieden werden, da die Röschen sonst nicht fest genug wachsen.
Sorten	Grüner Krauser, Ostfriesische Palme, Holter Palme, Rote Palme, Roter Krauskohl, Goldvital	Da es viele Neuzüchtungen gibt, die allerdings F1-Hybride sind und somit keine eigenen Samen bilden, gibt es für uns nur die Sorten Erstling und Kalibo.	Granaat	Groninger, Hilds Ideal, Vorfahrt beachten, Roodnerf, Rubine
Ernte	Grünkohl ist mit allen Wettern gewaschen und bleibt deshalb den ganzen Winter über bis zur Ernte im Beet stehen.	Spitzkohl kann weit in den Herbst im Beet bleiben. Die Ernte beginnt im August. Erst bei schwerem Nachtfrost sollte er eingelagert werden.	Da er sehr kältebeständig ist, kann er bis etwa -5 °C im Freien bleiben. Nach der Ernte lagert man ihn an einem kühlen Ort in Sand oder schlägt ihn in Zeitungspapier ein.	Weil er unglaublich kälteresistent ist, bleibt er auch bei Schnee im Beet und wird frisch geerntet.

Brokkoli	Basilikum	Borretsch	Brennnessel	

Bis auf den kleinen Kohlrabi sind alle Kohlarten – also auch der Brokkoli – Starkzehrer. Das heißt, sie benötigen besonders viel Dünger. Im Herbst wird das Beet schon mit Kompost und organischem Dünger vorbereitet; über den Sommer hinweg unterstützt das Gießen mit Brennnesseljauche das Wachstum. Im März/April beginnt man mit der Aussaat. Brokkoli gehört zu den kleineren Kohlsorten, die sich auch in kleinen Gärten gut anbauen lassen. In einem Abstand von 50x50 cm wird er ins Beet gepflanzt.	Unglaublich sonnenempfindlich, weswegen er am besten im Halbschatten steht und nicht der Mittagshitze ungeschützt ausgesetzt ist. Man kann ihn ab März aussäen oder als kleine Pflänzchen in der Gärtnerei kaufen.	Ist er einmal im Garten, bleibt er dort. Diese wunderschöne blaue Pflanze benötigt feuchten, durchlässigen Boden und wird im März ins Beet ausgesät.	Aussäen braucht man sie meist nicht. Am besten setzt man die Pflanzen, die man im Garten hat, an den Komposthaufen oder in eine unbenutzte Ecke im Garten. Brennnesseln wachsen überall.	**Anbau**
Violetter Brokkoli: Rosalinde Grüner Brokkoli: Cezar, Ramoso calabrese				**Sorten**
Üblicherweise erntet man von Juli bis August. Bei später Aussaat kann noch bis in den Oktober hinein geerntet werden.	Kann den ganzen Sommer über geerntet werden.	Den ganzen Frühling und Sommer werden die Blätter und Blüten geerntet.	Die jungen Blätter können im Salat verwendet werden, die großen Blätter werden für Tee getrocknet. Außerdem benötigt man die Blätter für die Brennnesseljauche.	**Ernte**

	Gartenkresse	**Gartensalbei**	**Gundermann**	**Kapuzinerkresse**

Anbau	Das früheste Grün im Jahr; kann durchgehend auf der Fensterbank angesät werden und im Frühling und Sommer im Freiland wachsen.	An einem sonnigen Platz, in sandigem Boden fühlt er sich wohl. Er verholzt über die Jahre hinweg. Ableger lassen sich leicht bilden, da Äste, die auf den Boden reichen, sofort wieder zu wurzeln beginnen.	Humusreicher Boden an einem sonnigen Standort lässt Gundermann wachsen und gedeihen. Er muss regelmäßig gegossen und gemulcht werden. Wie Baumspinat wächst er bis zu 180 cm in die Höhe.	Bereits im März kann sie auf der Fensterbank vorgezogen und im Mai ins Freiland gesetzt werden. Ab da können die Samen auch direkt im Beet ausgesät werden.
Ernte	Schon nach 10 Tagen sind die ersten Blätter erntereif.	Wie die meisten Kräuter erntet man ihn ab der Blüte, da dann sein Aroma am kräftigsten ist. Aber auch davor können seine Blätter schon verwendet werden.	Die kleinen bis mittelgroßen Blätter werden den ganzen Sommer über gepflückt und wie Babyspinat als Salat verwendet. Größere Blätter können wie gewöhnlicher Spinat gekocht werden.	Sowohl die Blätter als auch die Blüten und Knospen sind essbar und können den ganzen Sommer über geerntet werden.

Oregano	Pfefferminze	Rosmarin	Thymian	

Der wilde Majoran braucht ein sonniges Plätzchen im Garten und vermehrt sich dann von ganz alleine.	Der optimale Bodendecker, da sie sich nur über ihre Wurzelableger vermehrt. Es gibt die unterschiedlichsten Minzarten, die allesamt wunderbar im Garten gedeihen. Im Winter friert das oberirdische Laub ab und die Pflanze treibt im Frühjahr frisch aus.	Von den Boden- und Standortbedingungen ähnelt er dem Thymian. Er braucht auch im Winter regelmäßig Wasser, da er sonst vertrocknet.	Als Pflanze aus dem Mittelmeerraum braucht der Thymian unbedingt einen sonnigen und trockenen Platz. Der Winterthymian ist der robusteste seiner Art. Alle anderen Sorten gedeihen im Garten auch, müssen im Winter allerdings mit Tannenzweigen abgedeckt werden, um sie vor Frost zu schützen.	**Anbau**
Auch er kann den Sommer über geerntet werden.	Kann den ganzen Sommer über geerntet werden.	Kann ebenfalls den ganzen Sommer über geerntet werden.	Die Zweige werden den ganzen Sommer über gepflückt.	**Ernte**

	Bohnen	Erbsen	Gurken	Kürbisse

Anbau	Bohnen sind sehr kälteempfindlich und dürfen darum erst nach den Eisheiligen ins Freie gesetzt werden. Stangenbohnen sind anspruchsvoller als Buschbohnen. Sie brauchen mehr Wärme und vor allem mehr Platz. Auf genügend Abstand achten. Buschbohnen freuen sich aber auch über eine niedrige Rankhilfe. Zur Vorbereitung des Beetes genügt Kompost und Mulch.	Als sehr kälteresistente Pflanze kann sie schon im Februar/März unter Vlies an Ort und Stelle ins Freiland ausgesät werden. Regelmäßig gießen, da Erbsen nicht im Trockenen stehen wollen. Sie brauchen keine bestimmte Düngung für ihr Beet.	Da Gurken kälteempfindlich sind, dürfen sie nicht vor den Eisheiligen ins Freie gesetzt werden. Auf der Fensterbank lassen sie sich vorziehen und anschließend ins Beet verpflanzen. Da sie Starkzehrer sind, muss das Beet im Herbst mit Kompost, Gründüngung oder organischem Dünger vorbereitet werden. Im Frühling kann noch Pferdemist auf dem Beet verteilt werden. Gurken sind Rankgewächse; darum benötigen sie ein Spalier.	Die Bodenvorbereitung und die Pflege ist wie bei den Gurken. Vor allem sollte man vor dem Pflanzen daran denken, dass Kürbisse viel Platz benötigen. Ich lege kleine Bretter unter die Kürbisse, damit sie nicht auf der feuchten Erde liegen. So schütze ich sie vor möglichem Faulen.
Sorten	Feuerbohnen: Preisgewinner, Steirische Käferbohne. Stangenbohnen: Goldfield, Perle von Marbac, Lippoldsberger Weiße Perle, Ruhm vom Vorgebirge. Buschbohnen: Hinrichs Riese, Saxa, Pergousa, La Victoire, Purple Teepee.	Salzmünder Edelperle (sehr ertragreich), Grijze Roodbloeiende (wunderschöne rosa Blüten), Junileevke (weißblühend)	La Diva (Minigurke), Sensation, Tanja, Soo Yoo Long (Salatgurke), Bono (Landgurke), Balkonfreude, Weiße Spangenberg, Early Green Prolific (Gewürzgurke)	Es gibt unzählige wunderschöne Kürbisse. Einige Speisekürbisse sind: Roter Zentner, Atlantic Giant, Birnenkürbis, Hokkaido, Spaghettikürbis, Patisson (Ufo-Kürbis), Eichelkürbis, Steirischer Ölkürbis, Bunter Turban, Blue Ballet, Gold Nugget, Patisson Blanc (Weißer K.).
Ernte	Den ganzen Sommer hinweg frisch ernten.	Von Juni bis August. Wenn das Laub vertrocknet, die letzten Erbsen ernten.	Von Juli bis September wird laufend geerntet.	Kürbisse sind reif, wenn sie beim Draufklopfen hohl klingen.

	Zucchini	Lampionblumen	Kartoffeln	Tomaten

Anbau	Die Bodenvorbereitung und die Pflege ist ebenfalls wie bei den Gurken. Auch sollte man vor dem Pflanzen daran denken, dass Zucchini viel Platz benötigen (1 qm).	Auf sandigen Böden an einem sonnigen Platz gedeihen sie am besten. Von Februar bis März werden sie im Haus vorgezogen und nach den Eisheiligen in den Garten gepflanzt. Im Herbst und Frühling werden sie mit Kompost gedüngt. Die Vermehrung erfolgt über Rhizome. Die Wurzelstöcke können ausgegraben und an anderer Stelle wieder eingepflanzt werden. Im Herbst wird die Pflanze bis etwa 10 cm über der Erde abgeschnitten.	Sie brauchen viel Platz, am besten ein eigenes Stück Land oder Beet. Im Abstand von 40 cm werden darauf von April bis Mai Furchen gezogen, in die die vorgekeimten Kartoffeln (mit den Trieben nach oben) im Abstand von 35 cm gelegt werden. Mit frischem Kompost und Erde bedecken. Auch wenn man es häufig sieht: Kartoffeln müssen nicht angehäufelt werden.	Tomaten wollen immer am selben Platz stehen und nur mit ihrem eigenen Grün gedüngt werden. Sie benötigen einen sonnigen Standort. Ab März werden sie im Haus vorgezogen und kommen nach den Eisheiligen ins Beet. Beim Gießen sollen die Blätter nicht nass werden. Die meisten Tomaten müssen ausgegeizt werden. Ende August werden die oberen Blütentriebe abgebrochen, damit alle Kraft nun in die vorhandenen Früchte gesteckt wird.
Sorten	Mittlerweile gibt es Zucchini in den verschiedensten Farben und Formen: Gold Rush (gelb), White Bush (weiß), Cocozelle von Tripolis (grün gestreift), Zuboda (grün), Alberello di Sarzana (hellgrün), Rondini Mexico (kleine, runde Früchte).	Am besten eignen sich Ableger aus einem benachbarten Garten. Samen aus der Gärtnerei gehen nur sehr schlecht an.	Kartoffeln gibt es in sämtlichen Farben. Am besten holst du dir bei deinem Biobauern in der Nähe die Kartoffeln, die du am liebsten magst.	Neben Stabtomaten gibt es viele Busch- oder Wildtomaten, die einfach in der Pflege sind, weil sie nicht ausgegeizt werden und reichlich Früchte tragen. Schön sind die roten und violetten Züchtungen.
Ernte	Am besten schmecken sie, wenn sie zwischen 10 und 20 cm groß sind. Größere Früchte eignen sich zum Füllen.	Die wunderschönen Lampions können im Herbst für dekorative Zwecke verwendet werden. Sie sind nicht zum Verzehr geeignet!	Verwelkt das Grün, werden die Knollen geerntet. Meist ist es im August und September so weit. Beim Einlagern darauf achten, dass die Erdreste an der Schale nicht entfernt werden.	Von Juli bis Ende Oktober kann laufend frisch geerntet werden.

Ein Ort der Familie – Gärtnern von klein auf

GIBT ES ETWAS SCHÖNERES, als mit den Händen in der Erde zu arbeiten und anschließend seinen eigenen Salat zu essen oder die Äpfel frisch vom Baum zu ernten? Für meine Familie und mich ist das gemeinsame Arbeiten und Leben im Garten eine sich über die Jahre hinweg entwickelnde Tradition geworden. Jeder darf und soll seine Ideen und Wünsche bei der Gestaltung unseres Gartens einbringen. Erst durch die vielen Ideen, die sich zum Teil miteinander arrangieren müssen, wurde unser Garten zu dem, was er ist. Ein Lieblingsplatz für jeden von uns.

Bereits als Kleinkinder waren meine Kinder immer im Garten dabei. Bei Wind und Wetter spielten sie im Sandkasten oder besuchten unsere Hühner, Hasen und Laufenten, während ich säte, neue Beete anlegte oder alte Gartenbänke und Tische mit neuer Farbe zum Leuchten brachte. Schon bald wollten sie mithelfen. Im Frühling fegten sie das alte Laub weg und freuten sich über Krokusse und andere Frühlingsblumen, die darunter zum Vorschein kamen. Sie bestaunten die wunderbar weiß-rosafarbenen Obstbaumblüten und sahen den fleißigen Bienen bei ihrer Arbeit zu. Neugierig wurden von ihnen die Beete daraufhin inspiziert, ob man schon die kleinen, zarten, grünen Blätter der vor wenigen Tagen gesäten Radieschen aus der Erde hervorspitzen sieht. Sie sammelten Marienkäfer, ließen sie auf ihrer Hand krabbeln und setzten sie auf Rosen- oder Schneeballblätter, damit sie dort ihre Leibspeise verputzen konnten. Die prall gefüllten Beete im Sommer und Herbst lockten sie ebenfalls hinaus. Blumenkränze wurden gebunden und dicke Kürbisse bewundert. Schließlich halfen sie bei der Apfel- und Birnenernte und deckten die Beete für den Winter mit Tannenzweigen zu.

Kinder lieben es, in der Erde zu graben und mit ihr zu spielen. Um gemeinsam im Garten zu arbeiten, kann man nie zu klein sein. Zum vierten Geburtstag hat jedes unserer Kinder sein eigenes Gartentäschchen mit Schaufel, Rechen und Samen geschenkt bekommen und ein eigenes Beet, in dem es von da an jedes Jahr seine eigenen Radieschen, Salate, Sonnenblumen und

Kartoffeln anpflanzen durfte. Auf diese Weise konnte ein jedes noch intensiver die Jahreszeiten und den Gang der Natur erleben und das Wachsen auf ihrem eigenen Beet verfolgen.

Gemeinsam haben wir Steine fürs Beet bemalt, lange Äste mit Farbe bemalt und ins Beet gestellt und Blumen und Spinat in Herz- und Schneckenformen ausgesät. Unter sich herab neigenden Ästen haben wir gemütliche Sitzplätze zum Ausruhen, Geschichtenerzählen und Limonadetrinken eingerichtet oder im Hochsommer die grünen Bäume mit bunten Bändern geschmückt. Unser Garten ist schon immer Spielzimmer, Ruheort und Arbeitszimmer in einem gewesen und wuchs so Jahr für Jahr mit uns mit.

Ich liebe es auch jetzt noch, da unsere Kinder nicht mehr klein sind, mit ihnen gemeinsam im Garten zu arbeiten. Die anfangs manchmal schlechte Laune des einen oder anderen verfliegt innerhalb der ersten halben Stunde, wenn er mäht oder die Beete umgräbt. Das gemeinsame Arbeiten an einem Ort, an dem es immer etwas zu tun gibt, wo man stundenlang entweder alleine vor sich hinarbeiten kann oder gemeinschaftlich bei einem Schwatz, empfinde ich als ganz wunderbar,

»Jedes Jahr im Frühling bin ich erneut überwältigt von der Kraft, Ausdauer und Fantasie der Natur. Ich liebe es, ihr dabei zuzusehen, wie sie innerhalb von wenigen Tagen aus kahlen, braunen Zweigen und dunklen Böden blühende grüne Landschaften entstehen lässt.«

weil das jedem genau das ermöglicht, was er braucht. Hinzu kommt, dass das spätere Ergebnis, an dem man mitgewirkt hat, stolz und ausgeglichen macht und jedem von uns das Gefühl gibt, etwas Sinnstiftendes und Nützliches vollbracht zu haben.

Von meiner Großmutter und meiner Mutter habe ich gelernt, wie wundervoll es ist, einen Garten zu haben, und genau das Gleiche wünsche ich mir auch für unsere Kinder. Ich will, dass sie von uns lernen, wie man einen Garten anlegt und nutzt, damit sie es später einmal selber machen können, wenn sie es wollen. Ich will das alte Wissen weitergeben, will zeigen, wie man Obstbäume verschneidet und wie man Gemüsepflanzen vorzieht. Vorzuleben, dass man mit der Natur rücksichtsvoll umgeht, zu zeigen, wie man mit einem Garten das Jahr hindurch lebt, war mir immer wichtig. Aus diesem Grund erfüllt es mich auch mit Stolz, wenn ich schon jetzt sehe, wie routiniert unsere Kinder Beete harken, Stauden teilen oder Pflanzen erkennen. Bis heute ist es ein Fest für uns alle, wenn der erste grüne Spargel aus dem Boden bricht, wenn die ersten Himbeeren und Erdbeeren reif sind und sich die ersten Blumensträuße aus all dem binden lassen, was der Garten hergibt.

GÄRTNERN MIT KINDERN

ALLE DRECKSPATZEN und Gartenfeen, Waldwichtel und Naturforscher aufgepasst: Im Waldgarten zu arbeiten ist nicht schwer. Am meisten Spaß macht es, wenn in der Familie alle zusammenhelfen. Hier findest du wunderbare Ideen für einen erfüllten Tag:

Einen kleinen Teich anlegen
... ODER EIN BEET
für deine Radieschen und Erdbeeren

Blumentöpfe putzen

Zäune aus Weiden oder Stöcken bauen

LAUB FEGEN

Marienkäfer auf von Läusen ***befallene Rosen*** *setzen*

Kaulquappen züchten

Erdbeeren selber vermehren

Insekten im Lupenglas beobachten

Eine *Vogelscheuche* basteln

Kresse und Bohnen säen

GRAS RECHEN

Zöglingen beim Wachsen zusehen

Unkraut jäten

Eine *Bienenwiese* anlegen

OB AN KINDERGEBURTSTAGEN oder einfach so mal zwischendurch: Mit Naturmaterialien zu basteln, macht Spaß und prägt den nachhaltigen Umgang mit der Natur. Im Folgenden findest du einige Bastelideen, die sich bei uns über die Jahre bewährt haben.

Samenbomben

Das sind aus Ton oder Erde geformte kleine Kugeln, die Samen örtlicher Pflanzen enthalten. Heute sind in den käuflichen Samenbomben meist Samen einjähriger Pflanzen und hierzulande traditioneller Gartenblumen wie Kornblumen, Sonnenhut, Tagetes, Malven, Zinnien und andere enthalten.

Man kann sie selbst machen aus lehmiger Erde oder Tonerde mit Blumenerde, die zuvor mit Wasser vermischt wurde, dann etwas Wasser dazu, kleine Bällchen formen und an der Sonne oder im Backofen trocknen. Fallen sie auf feuchten Boden, gehen sie auseinander, und die Samen können keimen. Im besten Fall entstehen kleine Blumeninseln.

Blumentöpfe bemalen und bepflanzen

Ob zum Geburtstag oder einfach so: Bunte Blumentöpfe verschönern den Garten ungemein. Neben den Töpfen benötigst du Acrylfarbe, Pinsel, ein Wasserglas zum Auswaschen der Pinsel, Malkittel und Zeitung als Unterlage. Die bemalten Töpfe lassen sich im Anschluss noch wunderbar mit Erdbeerablegern, Bohnen oder Sonnenblumen bepflanzen und werden so zum Beispiel zu schönen Geburtstagsandenken für eine ganze Festgesellschaft.

Beetdekoration (Stöcke) bemalen und schnitzen

Lange bunte oder verzierte Stöcke sind ein toller Hingucker im Beet. Was du dafür brauchst, sind lange Äste aus dem Wald, Acrylfarbe, Schnitzmesser, Malkittel und Zeitung als Unterlage.

Rindenboote

Wer liebt es nicht, sein eigenes Rindenboot zu schnitzen und fahren zu lassen? Aus herumliegenden Rinden lassen sich im Handumdrehen solche Boote schnitzen, die mit einem kleinen Stock als Mast und grünem Blatt als Segel noch vollendet werden.

Ostereier färben mit Pflanzenfarben

Das Färbemittel (Gelb: Zwiebelschale oder Kamillenblüten, Grün: Petersilie oder Spinatblätter, Rot: Rote Bete, Violett: Heidelbeeren) in einen Topf mit Wasser geben und zum Kochen bringen. Die Blätter, Schalen oder Rindenstücke aus dem Wasser fischen und die Eier 9 Minuten kochen. Am Schluss polieren wir die Eier mit Olivenöl und legen sie in eine Schale, die mit Heu oder Stroh ausgelegt ist. Fertig ist das Osternest.

Walderdbeeren auf dem Grashalm

Eine Idee, die einen sofort an Pippi Langstrumpf erinnert – und die tatsächlich funktioniert. Das hölzerne Ende eines Grashalms wird hierbei wie eine Nadel verwendet, mit der man die Walderdbeeren nacheinander auffädelt.

Gänseblümchen-Ohrringe

Eine unserer Lieblingsbeschäftigungen auf Wanderungen und Spaziergängen ist es, uns mit Ohrringen aus Gänseblümchen zu schmücken. Hierzu benötigst du die klebrige Milch aus einem Löwenzahnstängel, die du auf die Unterseite einer Gänseblümchenblüte träufelst. Anschließend drückst du die Blüte leicht ans Ohr. Durch die Löwenzahnmilch bleibt sie kleben. Auch mit Butterblumenblüten funktioniert dies wunderbar.

Blumenkränze binden

Ein Sommer ohne Blumenkränze ist fast undenkbar – ob zum Geburtstag, zum Sommerfest oder weil der Garten gerade eben dazu einlädt. Die Flechttechnik ist nicht schwer und lässt sich bereits von Kindergartenkindern umsetzen.

Blumenbilder mit gepressten Blüten – Blätterbild

Mit gepressten und getrockneten Blüten und Blättern lassen sich wunderbare Bilder gestalten, die auch noch im Herbst und Winter an den Sommer erinnern. Am längsten halten sie, wenn du deine Fundstücke aus dem Garten in einer Blumenpresse einige Tage lang presst. Im Anschluss daran lassen sich damit auch Lesezeichen, Briefe an die Freundin, Perlen, Tagebucheinträge und vieles weitere verzieren.

Gewachste Herbstblätter zum Aufhängen

Eine wunderbare Herbstdekoration sind in Bienenwachs getauchte rote Blätter. Hierzu schmilzt du ein bis zwei Kilo Bienenwachs (Kerzenreste eignen sich dazu wunderbar) in einem Wasserbad. Verwende für das Wachs eine Konservendose oder alte Schüssel, die du sonst nicht mehr benötigst. Ist das Wachs flüssig, tauchst du die gesammelten roten und gelben Blätter kurz hinein und lässt sie anschließend auskühlen. Das dauert keine Minute. Nun sind die Blätter konserviert und halten mehrere Wochen.

Sterne aus Stöcken

Stöcke hierzu finden sich für diese Sterne im Wald oder Garten. Gerade zu Weihnachten werden diese Gebilde zu wunderbaren Geschenken und Deko-Highlights. Die Äste werden zu fünfzackigen Sternen gelegt und an ihren Enden mit Draht zusammengebunden. Auch die sich kreuzenden Stellen werden mit Draht fixiert, sodass die Sterne stabil sind. Mit Tannengrün und roten Schleifen können sie noch zusätzlich verziert werden.

Vogelfutter selber machen

Mit Sonnenblumenkernen, Nüssen und Kürbiskernen lässt sich im Handumdrehen Futter für die Vögel im Garten herstellen. In einem Topf schmilzt du etwas Fett und mischst anschließend die Körner und Nüsse darunter. Auf der Terrasse auskühlen lassen, bis alles wieder etwas fester geworden ist, und mit einem Löffel in ausrangierte Henkeltassen streichen. Um einen gemütlichen Sitzplatz für die Vögel zu schaffen, steckst du einen kleinen Ast senkrecht in die Masse und lässt das Fett vollständig erkalten. Nun brauchst du nur noch ein Band durch den Henkel der Tasse fädeln und sie in den Bäumen und Sträuchern im Garten aufhängen.

TEIL 2

Die Ernte verwerten

Vorratshaltung

Wertschätzung und Vorfreude spüren

Der Traum vom Schlaraffenland

Einen Garten zu haben, ist wunderbar. Aber wie schön ist es erst, wenn das, was du in ihm anpflanzt, auch den Weg auf deinen Tisch findet? Nach den ersten Jahren wuchs der Wunsch in mir, nicht nur hin und wieder einen Salat oder zwei bis drei Radieschen aus dem Garten zu holen, sondern unseren Speiseplan im besten Fall den ganzen Sommer über mit eigenen frischen Zutaten zu bereichern. Ein Selbstversorgergarten, das war mein Traum. Lange Zeit dachte ich das und versuchte, diesem Wunsch näherzukommen.

Aber unsere Familie wuchs so schnell, dass ich Jahr um Jahr daran scheiterte. Die Himbeersträucher, die ich von zwei auf zehn erweiterte, und das Erdbeerfeld, das anfangs aus zwölf Pflanzen bestand und schließlich etwa fünfzehn Quadratmeter im Gemüsegarten einnahm, leerten sich schneller, als ich gucken konnte. Natürlich wollte ich, dass die Kinder zum Naschen in den Garten gehen. In dieser Sache hänge ich einem nostalgischen Traum an, in dem mein Garten einem Schlaraffenland ähnelt. Den ganzen Sommer über sind darin die Beete prall gefüllt, die Äste der Obstbäume strecken sich einem entgegen, um abgeerntet zu werden, und reichen aufgrund ihrer großen Früchte beinahe bis auf den Boden herab. Wann immer man etwas pflückt, wächst innerhalb von Sekunden wieder etwas anderes Leckeres nach.

Ich wünsche mir auch heute noch, dass meine Kinder in so einem Garten-Schlaraffenland aufwachsen; aber wenn ich dann vor leeren Himbeer- oder Johannisbeerruten stehe, weiß ich, dass ich es doch wieder mal nicht ganz geschafft habe. Ein paar Schleckermäulchen waren doch schneller und vor allem hungriger gewesen als erwartet. Trotzdem: So ganz habe ich mich von meinem Traum noch nicht verabschiedet. Und darum wächst mein Garten über die Zeit hinweg stetig weiter. Kräuter, Radieschen, Mangold, Salat, Kohl, Kohlrabi, Spinat, Rettich, Gurken und Rote Bete versorgen uns mittlerweile tatsächlich den ganzen Sommer über.

Abwechslungsreich durchs ganze Jahr

IM WALDGARTEN ZU ARBEITEN, wird nie langweilig. Immer gibt es etwas anderes zu tun, und dabei strukturiert er sich selber über das Jahr hinweg. Für mich teilt sich das Gartenjahr in drei Phasen. Alles beginnt mit dem Planen und Säen. Im Anschluss daran muss der Garten versorgt werden; es wird gepflanzt, Unkraut gejätet, gegossen und gedüngt. In dieser Zeit entwickelt sich dein Garten zu einem kleinen Biokraftwerk. Gerade in Jahren, in denen sich regnerische Nächte und warme bis heiße Tage abwechseln, scheint er nach wenigen Tagen aus allen Nähten zu platzen. Diese Kraftentfaltung mitzuerleben, beeindruckt mich jedes Jahr aufs Neue. Dann mache ich es mir in den kühlen Morgenstunden zwischen den Beeten gemütlich, trinke meinen Kaffee und bewundere die Fülle und Energie, die mich umgibt.

Im Anschluss daran beginnt die Arbeit. Etwa jeden zweiten Tag muss etwas geerntet werden. Im April beginnt es mit Spinat und Radieschen. Die ersten Kräuter wie Schnittlauch, Sauerampfer und Pimpernell können ebenfalls schon herausgeholt werden und erhalten so neue Kraft, um weiter auszutreiben. Kurz darauf folgen die ersten Salate aus dem Frühbeet sowie ab Mai Rucola und frühe Rettiche.

All die Wochen, die ich damit verbrachte, dem Obst und Gemüse beim Wachsen zuzusehen und es zu pflegen, wären allerdings völlig sinnlos, wenn nicht ihre Verwertung das Ziel wäre. Einiges lässt sich direkt und frisch in der Küche nutzen. Aber was ist, wenn zwei Steigen Spinat reif sind oder drei Reihen Schnittlauch geerntet werden wollen? Wann immer wir mit dem Salatessen nicht nachkommen oder Kohlrabi holzig werden, weil sie zu lange im Beet standen, tut es mir leid um die Pflanze, und ich suche nach Möglichkeiten, dies in Zukunft zu verhindern.

Ich habe mir vor einigen Jahren vorgenommen, von März bis Oktober mindestens eine Zutat pro Mahlzeit aus dem eigenen Garten beizusteuern. Für Singles oder Pärchen mag dazu ein gut bepflanzter Balkon ausreichen. Als sechsköpfige Familie, die gerne kocht und isst, braucht es aber tatsächlich ein größeres Grundstück. Natürlich hat mein Plan nicht von Anfang an funktioniert. Durch unsere heranwachsenden Kinder stieg der Bedarf stetig. Jedes Jahr pflanzte ich mehr an. Vor zehn Jahren kochte ich dreißig Gläser Erdbeermarmelade, heute sind es an die achtzig. Inzwischen habe ich mich daran gewöhnt. Aus den Kindern mit Appetit sind hungrige Teenies geworden, und mein Gemüsegarten hat sich vervierfacht. Radieschen, Mangold, sämtliche Kräuter, Spinat, Erbsen, Rucola und Rettich stammen ausschließlich von dort. Bei diesen Mengen kam natürlich rasch die Frage auf mich zu: Wie mache ich die verschiedenen Gemüse- und Obstsorten möglichst lange haltbar?

Die dritte Phase des Gartenjahrs ist also das Verwerten und Haltbarmachen der Ernte. Das Einkochen von Marmelade und Einfrieren von Erbsen, Mangold, Spinat und Kräutern sind sicherlich die bekanntesten Methoden der Lagerung. Hinzu kommen das Trocknen von zum Beispiel Kräutern für Tee oder zum Kochen, das Dörren von Obst sowie das Einwecken von Obst und Gemüse, um es anschließend bei Zimmertemperatur oder an einem etwas kühleren Ort nötigenfalls über Jahre hinweg aufheben zu können.

Soll Obst und Gemüse aber frisch und knackig bleiben, funktionieren die aufgeführten Methoden nicht. Hier braucht man eine klassische Vorratskammer, einen kühlen, möglichst dunklen Ort, an dem Zwiebeln, Äpfel, Kartoffeln und so weiter den Winter über gelagert werden können. Eine mittlerweile wieder thematisierte aber bei Weitem noch nicht im Bewusstsein aller Gärtner angekommene Möglichkeit bietet die Erdmiete. Sie ist eine Erweiterung des Kühlschranks. In ihr wird das Gemüse draußen gelagert, muss aber natürlich vor Regen, Laub und Schnee geschützt werden.

Die Vorratskammer und wie sie funktioniert

ALLES, WAS VOM FRÜHEN SOMMER bis zum Herbst nicht direkt auf den Tisch wandert, findet seinen Platz in der Vorratskammer oder in der Erdmiete. Die klassische Vorratskammer ist trocken, sauber und kühl und nicht zu hell, sodass Obst und Gemüse möglichst lange frisch bleiben. Üblicherweise werden Vorratskammern bis heute deshalb in den Keller verlegt, da dort das Raumklima den Lagerbedürfnissen unserer Ernte entgegenkommt. Da wir keinen Keller haben, befindet sich unsere Vorratskammer an verschiedenen Orten im Erdgeschoss und im Garten.

Die verschiedenen Möglichkeiten des Haltbarmachens orientieren sich an den Erfordernissen der Ernte. Sie sind Gewähr dafür, dass du den ganzen Herbst und Winter über, meist sogar noch im Frühjahr, von einem abwechslungsreichen Angebot aus deinem vergangenen Waldgartenjahr überraschst wirst.

Lagerung drinnen

Alles, was bereits von dir haltbar gemacht wurde, kann drinnen gelagert werden. Eingewecktes, Kompott, Suppen im Glas, Chutneys und Marmeladen mögen es kühl und dunkel und bleiben bei richtiger Konservierung auf diese Weise lange verwendbar. Meist stehen sie deshalb also in der Vorratskammer im Haus beziehungsweise im Keller.

Lagerung draußen

Lagern bedeutet vor allem, Obst und Gemüse möglichst lange in seinem frischen Zustand zu erhalten. Frisches Obst und Gemüse mag es kühl aber nicht frostig. Am besten eignen sich dafür unbeheizte, dunkle aber trockene Orte wie deine Garage oder dein Schuppen.

Äpfel, Birnen, Kartoffeln und Zwiebeln halten dort besonders lange. Aber auch Eingewecktes und Marmeladen können hier aufbewahrt werden.

Einfrieren

Kräuter, die jeden Tag ihre Verwendung finden, Suppen, Gemüse, das später gekocht wird (z. B. Spinat, Erbsen, Bohnen oder Mangold), und Beeren aller Art friert man üblicherweise ein.

Im Küchenschrank aufbewahren

Bei Raumtemperatur halten es nur gedörrte und getrocknete Früchte und Kräuter lange aus, außerdem Kerne und Tee.

ERDMIETE

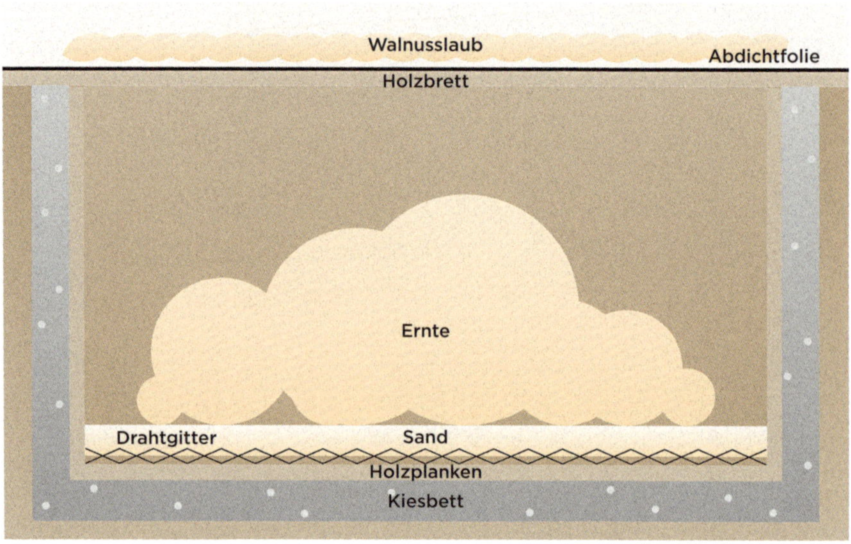

DIE ERDMIETE ersetzt beziehungsweise erweitert die Kühlschranklagerung. In ihr überwintert vor allem Gemüse. Um den richtigen Ort für sie zu finden, sollte man darüber nachdenken, wo man auch vom Haus aus mit wenigen Schritten sein kann; denn schließlich willst du dort vor allem im Winter dein frisches Gemüse herholen. Meist befindet sich eine Erdmiete in der Erde, wie schon ihr Name sagt. Hast du ein Gewächshaus oder ein Frühbeet, empfiehlt es sich, sie dort anzulegen, da sie so vor übermäßiger Feuchtigkeit geschützt ist. Aber auch im freien Garten ist das Anlegen einer Erdmiete kein Problem. Du benötigst dann nur eine zusätzliche Abdeckung gegen Nässe.

Eine Miete bauen

Für ihren Bau hebst du eine etwa zwanzig Zentimeter tiefe Grube aus und schalst sie mit Holzplanken aus. Mit engmaschigem Draht legst du den Boden aus, um Wühlmäuse und Kaninchen davon abzuhalten, deine Ernte zu stibitzen. Den

»Auch die Verwendung einer Tonne oder ausrangierten Waschmaschinentrommel eignet sich für eine Erdmiete. Hier wird das Gemüse später gelagert.«

Draht bedeckst du mit einer etwa drei bis fünf Zentimeter dicken Sandschicht. Sie sorgt dafür, dass das Gemüse, das gleich in die Erdmiete gelegt wird, nicht zu feucht liegt.

Die Ernte einbringen

Nun wird die Ernte eingebracht. Karotten lieben sandige Böden; sie sollten ganz unten in der Miete liegen. Im Anschluss daran können Kohlköpfe, Wirsing, Rote und Gelbe Bete, Lauch, Kohlrabi, Kürbisse, Gurken, Wintersalate und Zwiebeln hineingestapelt werden. Wichtig ist dabei, die Ernte vor dem Einlagern nicht zu waschen. Die Erdreste dienen als Schutz und sorgen für eine längere Haltbarkeit. Außerdem solltest du kein schadhaftes Gemüse einlagern, denn nach kurzer Zeit würde auch das übrige Gemüse faulig werden. Auch Äpfel sollten nicht in der Miete liegen. Durch ihre austretenden Gase würden sie dafür sorgen, dass das Gemüse um sie herum austreibt und blüht.

TIPP: Wem das Anlegen einer Erdmiete zu arbeitsintensiv ist, kann auch eine Kiste im Keller oder Gartenhaus aufstellen und sie nach dem beschriebenen Prinzip füllen.

Winterfest verschließen

Da die Miete den ganzen Winter über zugänglich sein muss, zugleich aber vor Schnee, Regen, Laub und Tieren geschützt werden soll, braucht es zum Schluss noch eine wasserdichte Abdeckung. Hier eignet sich am besten eine Plastikfolie. Um Wühlmäusen den Zugang zum gut erreichbaren Lagerraum zu erschweren, kann man das Gemüse mit Walnusslaub bedecken. Die Mäuschen mögen den Geruch nicht und werden so einen großen Bogen um deine Miete machen.

OBST UND GEMÜSE zu trocknen beziehungsweise zu dörren, ist eine sehr einfache Methode, Lebensmittel haltbar zu machen. Sonnenlicht, ein Backofen oder ein spezielles Dörrgerät werden dazu benötigt. Im Herbst trocknen wir immer Apfelringe. Dazu schneiden wir die Äpfel in sehr dünne Scheiben und entfernen das Kerngehäuse. Auf einer Stange fädeln wir sie auf und trocknen sie in der Küche. Etwa ein bis zwei Wochen brauchen sie, bis sie vollständig getrocknet sind. Bis dahin ist unser gesamtes Erdgeschoss von einem wunderbaren Apfelduft erfüllt.

OBST UND GEMÜSE TROCKNEN

GEMÜSE	VORBEREITUNG	TEMPERATUR	TROCKNUNGSZEIT
Äpfel	In Scheiben schneiden und auf einen Stab fädeln.	60 °C bzw. Raumtemperatur	12–14 Stunden bzw. 7–10 Tage
Aprikosen	Entkernen und halbieren.	60 °C	16–18 Stunden
Beeren		50 °C	7–9 Stunden
Chilis	Auf einer Schnur aufziehen oder als Strauß bündeln.	Raumtemperatur	2–3 Wochen
Grünkohl		130 °C	max. 30 Min.
Hagebutten	Halbieren und auf einem Geschirrtuch oder deinem Backblech ausbreiten.	60 °C bzw. Raumtemperatur	6–10 Stunden bzw. 5–7 Tage
Kräuter	Zu Sträußen schnüren und kopfüber im Haus aufhängen.		3–6 Tage
Rote Bete	Eine halbe Stunde vorkochen, anschließend in dünne Scheiben schneiden.	55 °C	8–12 Stunden

EINMACHEN: EINWECKEN UND EINKOCHEN

MARMELADE EINZUKOCHEN, ist eine wunderbare Tradition bei uns, bei der alle immer wieder gerne mitmachen. Das Kochen ist meistens meine Aufgabe, aber das Abfüllen in die Gläser übernehmen dann schon oft meine großen Mädels.

Seit einigen Jahren ist neben dem Einkochen in Twist-off-Gläsern das Einwecken wieder mehr in Mode gekommen. Das Praktische am Einwecken ist, dass sich diese Technik nicht auf Marmelade oder andere Soßen und Aufstriche beschränkt. Alles, was frisch und ungekocht ist, kann mit dem Einwecken haltbar gemacht werden. Ich wecke neben den Marmeladen vor allem Rote Bete, Pfirsiche, Kirschen und Pflaumen ein. Die Unterschiede zwischen den beiden Methoden sind:

Einkochen

Beim Einkochen werden die Beeren oder Äpfel, Birnen etc. mit etwas Wasser und Zucker zu einem Mus verkocht. Apfelmus und Marmelade werden so üblicherweise hergestellt. Durch das Kochen zerfällt das Obst, und eine breiige Masse bleibt übrig.

Einwecken

Beim sogenannten Einwecken füllst du vorbereitete Lebensmittel in Einweckgläser und kochst sie bei einer bestimmten Temperatur eine bestimmte Zeit lang ein. Einwecken kannst du im Backofen, in einem Kochtopf oder in einem eigens vorgesehenen Einweckautomat. Während des Einkochens entsteht ein Vakuum, weswegen die Gläser meist jahrelang haltbar bleiben.

Wichtig beim Einwecken ist, dass die Gläser, Deckel und Gummiringe steril sind. Dafür kochst du sie mit heißem Wasser aus. Ich habe beim Einwecken immer einen kleinen Topf auf dem Herd stehen, in dem die Deckel und Gummiringe vor sich hin köcheln.

Wie lange und wie heiß du einwecken musst, hängt von dem Lebensmittel ab. Auf der rechten Seite findest du eine Tabelle dazu.

Nachdem du die Weckgläser gefüllt hast, verschließt du sie mithilfe des Deckels samt Gummidichtung. Während des Einkochens bringst du außerdem zwei Klemmen pro Glas an, damit der Deckel sich nicht von alleine anhebt. Nach dem Einwecken lässt du die Gläser auskühlen und verstaust sie anschließend in deiner Vorratskammer. Solange der Deckel fest auf dem Glas liegt, ist es haltbar. Löst er sich von alleine, ist der Inhalt nicht mehr gut und muss entsorgt werden.

Durch das Einwecken lassen sich neben Marmelade vor allem Gemüse haltbar machen, die nicht verkocht werden sollen.

EINKOCHTABELLE (FÜRS LUFTDICHTE „EINWECKEN“)

LEBENSMITTEL	TEMPERATUR	EINKOCHZEIT IN MINUTEN
Blumenkohl	100	110
Bohnen und Erbsen	100	120
Gurken/Essiggurken	90	30
Karotten	100	90
Kohlrabi	100	90
Mixed Pickles	90	30
Rhabarber	100	30
Rote Bete	100	30
Tomaten	100	120
Äpfel	90	30
Aprikosen	90	30
Birnen	90	30
Erdbeeren	90	25
Kirschen (auch Sauerkirschen)	80	30
Mirabellen	90	30
Pflaumen	90	30
Pfirsiche	90	30
Früchte (ohne Zugabe von Zucker)	80	20
Kompott, Marmeladen, Fruchtmus	90	30

Rezepte

Rezepte

Vom Beet auf den Teller

Alle folgenden Rezepte sind für 5–6 Personen gedacht.

Willkommen, Frühling!

Start-schuss

WENN BÄRLAUCH und Schnittlauch zum ersten Mal im Jahr aus dem Boden herausspitzen, ist das ein Fest für meine Familie und mich. Dann startet die grüne Küchensaison. Streifzüge durch den Garten stehen dann auf der Tagesordnung. Geerntet werden frische Kräuter wie Pimpernell, Kerbel und Melisse, und die ersten zarten Spitzen des grünen Spargels werden schon sehnsüchtig erwartet. Salate und Pasta werden nun mit frischen Kräutern verfeinert und Tee oder Limonade mit ihnen aufgesetzt. Die Blumenbeete werden noch von Tulpen, Narzissen und Primeln beherrscht; sie sind noch nicht so üppig gefüllt wie im Sommer. Jedes Grün, das aus dem Boden herausbricht, findet Beachtung und schürt die Vorfreude auf die nahenden wärmeren Tage.

Als waschechte Hessin sind Kartoffeln mit Grüner Soße mein absolutes Frühlings-Lieblingsrezept. Weder Bärlauch- oder Radieschenpesto noch Spargelsalat wecken bei mir solche Frühlingsgefühle wie der Anblick von frisch geernteten Kräutern auf meinem Küchentisch für die Grüne Soße.

Kartoffeln mit Grüner Soße

DAS REZEPT, DAS ICH *wie gesagt mit meiner Heimat in Hessen verbinde! Als Kind schon haben meine Geschwister und ich dieses Gericht geliebt, und bis heute werden damit in unserer Familie die Frühlingsgefühle geweckt: Die letzten Kartoffeln aus dem Winter werden aufgebraucht, und die ersten Kräuter, die im Garten wachsen, kündigen einen Neuanfang an.*

Die Kartoffeln aufsetzen und 25 Minuten kochen lassen.

Die Kräuter waschen und fein hacken.
Mit Saurer Sahne, Schmand und Joghurt verrühren.
Mit Salz und Pfeffer abschmecken.

TIPP: Auch Bärlauch, Koriander und Rucola können zu Grüner Soße verarbeitet werden. In Hessen isst man üblicherweise hartgekochte Eier dazu.

2 kg festkochende Kartoffeln

400 ml Saure Sahne

200 ml Schmand

200 ml Naturjoghurt

1 Bund Dill

1 Bund Petersilie

1 Handvoll Kerbel

1 Bund Pimpernell

5–10 zarte Borretschblätter

1 Bund Schnittlauch

Bärlauch- und Radieschenpesto

WIR LIEBEN RADIESCHEN, *und über die Jahre hinweg habe ich sämtliche Sorten ausgesät. Aus dem Handel kennen wir die Radieschen mit kleinen Blättern; es gibt aber auch Sorten, bei denen sie riesig sind. Bei ihrem Anblick stellte ich mir oft die Frage, ob sie wirklich einfach auf dem Kompost landen sollen. Eines Abends erzählte mir eine Freundin, dass sie Kohlrabi- und Radieschenblätter immer zu Pesto verarbeitet. Von ihr inspiriert probierte ich es aus und kann mir ein Frühjahr ohne Nudeln mit Radieschenpesto gar nicht mehr denken. Natürlich kannst du die Radieschenblätter auch gegen den herkömmlichen Bärlauch ersetzen. Auch bei ihm schmeckt man den Frühling.*

In der Küchenmaschine werden die Radieschenblätter und die Walnusskerne mit etwas Olivenöl püriert. Der Parmesan wird gerieben und unter die grüne Masse gemischt. Zum Schluss mit Salz und Pfeffer würzen. Wenn das Pesto zu fest ist, noch etwas Wasser hinzufügen.

TIPP: Ich verwerte immer alle Radieschenblätter, die ich gerade habe, und fülle das Pesto in Marmeladengläser ab. So haben wir immer ein schnelles und leckeres Essen aus dem Garten, wenn wir es gerade brauchen. Und: Dieses Pesto lässt sich an heißen Sommertagen auch mit Zitronenmelisse herstellen.

2 Handvoll Radieschenblätter

Salz

Pfeffer

Olivenöl

50 g Walnusskerne

50 g Parmesan

Grünkern-Kräuterknödel

EINE LIEBLINGSALTERNATIVE zur Grünen Soße sind diese Knödel. Gefüllt mit Kräutern lassen sie einen schon an den Frühling denken; zugleich aber wecken sie noch einmal Erinnerungen an wohlig warme Wintertage, Ofenknistern und das Gefühl, sich satt gegessen zu haben.

Den Grünkern mit der Gemüsebrühe kochen und anschließend auskühlen lassen. Die Kräuter in der Zwischenzeit klein schneiden und den Käse reiben.

Die Kräuter und die Eier unter die Grünkernmasse mischen und faustgroße Knödel daraus formen.

Einen Topf mit Salzwasser aufsetzen und zum Kochen bringen. Die Knödel darin kochen, bis sie oben schwimmen. Abseihen. Mit Parmesan bestreuen und mit Olivenöl übergießen – und sofort servieren.

400 g gemahlener Grünkern oder Grünkernschrot

500 ml Gemüsebrühe

3 Bund Gartenkräuter (Dill, Schnittlauch, Petersilie, Pimpernell, Borretsch, Kerbel oder was du sonst findest)

100 g Parmesankäse

2–3 Eier

Mehl zum Formen der Knödel

Gehackte Walnüsse nach Belieben

Salz, Pfeffer und Olivenöl zum Servieren

Spargelrisotto

2 Zwiebeln

3 Knoblauchzehen

250 g Risottoreis

Gemüsebrühe

500 g weißen Spargel

1 Bio-Zitrone

100 g Parmesan

Den Backofen auf 180 °C Umluft vorheizen.

Zwiebeln und Knoblauch schälen und klein schneiden. In einem mittelgroßen Topf mit etwas Butter glasig braten. Den Risottoreis dazugeben, umrühren und leicht anbraten, bis auch der Reis glasig aussieht. Nun nach und nach Gemüsebrühe hinzugießen. Dabei immer wieder warten, bis das Wasser vom Reis aufgesogen wurde, ehe weiteres Wasser hinzugegeben wird.

Währenddessen den Spargel schälen und in 3–4 cm große Stücke schneiden. Die Spitzen beiseitelegen. Die Zitrone waschen, die Schale abreiben und den Saft auspressen.

Spargel, Zitronenschale, Olivenöl, Salz und Pfeffer in einer Auflaufform vermischen und für 10 Minuten im Backofen braten. Die Spargelspitzen dazu geben und weitere 10 Minuten backen.

So lange Brühe zum Risotto geben, bis das Ganze eine sämige Konsistenz angenommen hat. Zitronensaft und geriebenen Parmesan untermischen. Den angebratenen Spargel aus dem Ofen holen, unter den Reis mischen, sofort servieren.

Blumenkränze und Junikäfer

Freiheit

LAUE SOMMERNÄCHTE, in denen man bis spät in die Nacht auf der Terrasse sitzt, Sommerfeste mit lauter guten Freunden, bunte Blumenkränze, die man sich bindet, und heiße Tage am See können den Sommer tatsächlich zu einem unvergesslichen Märchen machen.

Am Wochenende und in den Ferien bauen unsere Kinder ihr Zelt im Garten auf, um darin zu übernachten, oder rollen sich ihre Schlafsäcke hoch in den Wipfeln in ihrem Baumhaus aus. Über unserem Garten, dem Haus und uns darin schwebt den Sommer über eine Leichtigkeit wie zu keiner anderen Jahreszeit. Freunde kommen spontan vorbei und bleiben zum Grillen. Ideen zur Umgestaltung im Garten werden geweckt und wollen unmittelbar in die Tat umgesetzt werden.

Manchmal machen wir uns mit bis obenhin gefüllten Picknickkörben auf den Weg zum See oder in die Berge, wir ernten Holunderdolden während einer Fahrradtour, um sie anschließend in Limonade oder Holunderküchlein zu verwandeln, oder wir verbringen gemütliche Stunden auf dem Erdbeerfeld. Aber auch auf Passanten scheint die üppige Blütenpracht unseres Gartens zu wirken. So mancher bleibt stehen und beobachtet die Bienen auf den Rosen- und Lavendelblüten bei der Arbeit …

Gartensalat mit Wildblumen und Kräutern

ICH LIEBE ES, vor dem Essen in den Garten zu verschwinden und noch kurz über die Schulter zu rufen: »Bin gleich wieder da, hole nur noch kurz was!« Zurück komme ich dann mit Salat, Rauke, Borretsch, Kräutern, Beeren und essbaren Blüten. Alles findet seinen Platz in meinem persönlichen Gartensalat. Da aber auch meine Kinder manchmal mäkelig sind, haben wir den Familiensalat entwickelt. Dazu kommen alle Zutaten in einzelnen Schüsseln auf den Tisch, und jeder stellt sich seinen eigenen Salat zusammen – nicht dass etwas dabei ist, das einem heute nicht schmeckt. Einzige Spielregel: Fünf verschiedene Zutaten müssen mindestens miteinander kombiniert werden.

Da dem Gartensalat nur wenige Grenzen gesetzt sind, stelle ich dir hier meine Version vor. Über deine entscheiden dann dein Garten und du alleine.

Grundlage

Kopf- oder Pflücksalat

Junge Löwenzahnblätter

Rucola

Baumspinat

Spinat

Sauerampfer

Borretsch

Brennnessel

Essbare Blüten

Kamillenblüten

Ringelblumenblüten

Kapuzinerkresse (Blätter und Blüten)

Stiefmütterchen

Kräuter

Schnittlauch

Petersilie

Basilikum

Dill

Ergänzung

Grüner Spargel

Kohlrabi (Knolle und Blätter)

Gurken

Tomaten

Himbeeren

Brombeeren oder Erdbeeren

Zwiebeln

Gurkensalat mit Koriander und Chili

WENN ES SCHNELL *gehen muss und wir trotzdem nicht auf raffinierten Geschmack verzichten wollen, ist dies hier unser Notfallsalat. Die Frische der Gurken, kombiniert mit der Chilischärfe, sorgen mit dem Koriander für eine Aromaexplosion, die ich niemandem vorenthalten möchte. Bei einer Freundin gegessen und bei Yotam Ottolenghi ebenfalls entdeckt, soll dieses Rezept auch hier seinen Platz finden.*

Wer Mohn zwischen den Zähnen vermeiden möchte, lässt ihn einfach weg.

Die Gurken waschen und in schräge, 1 cm breite Streifen schneiden. Die Chili halbieren, Kerne herausschneiden und die Hälften in dünne Streifen schneiden. Das Koriandergrün waschen und klein schneiden oder zupfen.

Mit Salz, Pfeffer, Essig und Öl in einer Schüssel vermischen. Nach Belieben Mohn dazugeben.

2 Schlangengurken

1 rote Chili

1 Bund Koriandergrün

Salz und Pfeffer

Weißweinessig und Olivenöl

1 TL Blaumohn

Selbstgemachte Pasta

AM SCHÖNSTEN SPEIST ES *sich gemeinsam. Das dachten wir uns auch vor einigen Jahren, als wir während unseres Campingurlaubs in Italien spontan Pasta für 20 Personen zubereiteten, um gemeinsam mit den italienischen Nachbarn des Campingplatzes unseren Hochzeitstag zu feiern.*

Mehl, Eier, Öl und Salz in einer Schüssel vermischen und so viel Wasser hinzufügen, bis ein fester Teig entsteht. Den Teig mit der Nudelmaschine oder per Hand weiterverarbeiten.

TIPP: Wir lieben Fettuccine. Dazu den Teig dünn ausrollen, leicht mit Mehl bestreuen und aufrollen. Mit einem Messer in 1,5 cm breite Streifen schneiden und wieder auseinanderrollen.

In kochendem Salzwasser 2–3 Minuten kochen. Vorsicht: Frische Nudeln sind wirklich sehr schnell fertig und werden bei zu langem Kochen klebrig und zäh!

1 kg Weizenmehl

2 Eier

2 EL Olivenöl

Wasser

Salz

Nudelsoßen aus dem Garten

WAS MACHT EIGENTLICH eine gute Nudelsoße aus? Für uns steht fest: Sie muss vollständig aus dem Garten kommen. Gemüse aus dem Supermarkt ist meist viel zu unreif, um das nötige Sugo-Aroma im Topf zu entwickeln. Das weißt du aber natürlich erst, wenn du es selber ausprobiert hast. Obendrein verbindest du viel mehr mit der Zwiebel, den Kräutern oder der Zucchini aus dem eigenen Garten, und darum schmeckt es natürlich viel besser. Hier findest du die begehrtesten Familien-Nudelsoßen von uns, zum Teil bekannt, zum Teil aber auch neu und sicherlich ein Aha-Erlebnis.

Kohlrabipasta alla Bernado

Den Kohlrabi schälen und in 1 cm große Würfel schneiden. Die Zwiebel schälen und ebenfalls würfeln. Den Knoblauch in dünne Scheiben schneiden. Alles in Olivenöl, Salz und Pfeffer kräftig dünsten, bis die Zwiebeln glasig sind und der Kohlrabi braune Röststellen hat. Mit der Sahne ablöschen. Die Kräuter waschen und schneiden. Zum Teil unter die Soße mischen. Den Rest auf den Tellern über die Pasta mit dem geriebenen Parmesan streuen.

1 große Kohlrabiknolle

1 Zwiebel

2 Knoblauchzehen

Rosmarin, Petersilie, Oregano

1 Becher Sahne

Parmesan

1 Zwiebel

2 Knoblauchzehen

Olivenöl

4 große Tomaten

½ Bund Basilikum

Petersilie

1 TL Oregano

125 ml Sahne

Salz und Pfeffer

Tomatensoße alla Mamma

Zwiebeln und Knoblauch schälen und würfeln und in Olivenöl glasig braten. Die Tomaten klein schneiden und zu den Zwiebeln geben. Einige Minuten weiterbraten. Petersilie und Basilikum waschen, entstielen und fein hacken. Zusammen mit Salz und Pfeffer unter die Soße mischen. Wer keine Stückchen in der Soße möchte, püriert sie nun. Zum Schluss die Sahne in die Soße einrühren.

Pasta aglio e olio

Schnell zubereiteter und unglaublich leckerer Nudelklassiker

Die Zwiebeln und den Knoblauch fein hacken und im Öl glasig braten. Mit Salz und Pfeffer abschmecken. Wer es scharf mag, würzt noch mit Chili nach.

3 mittelgroße Zwiebeln

3 Knoblauchzehen

Olivenöl

Salz und Pfeffer

Zucchini-Rosmarin-Pasta

Zwiebeln und Knoblauch schälen, würfeln und in Olivenöl glasig braten. Die Zucchini halbieren und in feine Scheiben schneiden, zu den Zwiebeln geben und weiter anbraten. Den Rosmarin waschen, die Nadeln von den Stielen entfernen und fein hacken. Zusammen mit Salz und Pfeffer unter die Soße mischen.

1 Zwiebel

1 Knoblauchzehe

Olivenöl

1 gelbe und 1 grüne Zucchini

2 Zweige Rosmarin

Salz und Pfeffer

Pasta mit Salbeibutter

Die vermutlich einfachste und schnellste Pasta der Welt

Während die Butter im Topf schmilzt, den Salbei waschen, trocken tupfen und in feine Spalten schneiden. In der Butter nur kurz anbraten, mit Salz und Pfeffer würzen und sofort vom Herd ziehen. Die Nudeln gründlich mit der Salbeibutter vermischen und servieren.

1 Bund frischen Salbei

200 g Butter

Salz und Pfeffer

Gurken-Minz-Limonade
(Rezept siehe nächste Seite)

Limonaden

FÜR MEINE KINDER und ihre Freunde gibt es an heißen Tagen nichts Leckereres als selbst gemachte Limonade. Kein Grillfest oder Geburtstag könnte ohne sie stattfinden; und wie gemütlich ist es, im selbst gebauten Baumhaus zu sitzen und mit einer Limonade in der Hand sein Waldreich zu überblicken.

Jeweils für ein großes Limonadenglas:

Zitronenlimonade

Eiswürfel

6 l Sprudelwasser

2 Bio-Zitronen

400 ml Zitronensaft

200 ml selbst gemachten Holunder- oder Rosenblütensirup

Die Zitronen in dünne Scheiben schneiden und mit den Eiswürfeln ins Limonadenglas geben. Mit Sprudelwasser und Zitronensaft auffüllen. Zum Schluss den Sirup dazugeben und alles mit einem großen Löffel umrühren.

Gurken-Minz-Limonade

Eiswürfel

6 l Sprudelwasser

1 Schlangengurke

5–8 Stängel Minze

400 ml Zitronensaft

200 ml Zitronen-, Holunder- oder Rosenblütensirup

Himbeer- oder Erdbeerlimonade

Eiswürfel

6 l Sprudelwasser

Himbeeren oder Erdbeeren (soviel du eben geerntet hast)

5–8 Zitronenmelisse-Blätter

400 ml Zitronensaft

400 ml Himbeer- oder Erdbeersirup

Holunderlimonade

Eiswürfel

6 l Sprudelwasser

1 Zitrone

Holunderblüten

400 ml Zitronensaft

400 ml Holundersirup

Obstkuchen

Für den Hefeteig:

300 g Mehl

250 g Butter

1 Ei

120 g Zucker

1 Würfel Hefe

1/8 l lauwarme Milch

Zum Belegen:

500 g Obst

Für die Streusel:

300 g Mehl

300 g Butter

120 g Zucker

EIN WALDGARTEN VOLLER OBST
lädt nun einmal zum Kuchenbacken ein. Herabfallende Äpfel und Birnen finden so schnell ihre Verwendung, die die ganze Familie glücklich macht.

Aber manchmal ist weniger mehr: Als ich schon einige Jahre in München lebte, erblickte ich im Schaufenster einer Schwabinger Bäckerei Streuselkuchen vom Blech. Ich konnte mein Glück kaum fassen. Einfach Streuselkuchen. Nur Hefeteig und Streusel darüber. Kein Obst, kein Mohn, einfach nur Streuselkuchen. Ich betrat den Laden und bestellte zwei große Stücke. Die ältere Dame hinter der Theke schaute etwas unwirsch, während sie den Kuchen aus dem Schaufenster holte. Ich ließ mich nicht beirren und plauderte munter daher, wie glücklich ich sei, endlich Streuselkuchen, so wie bei mir zu Hause in Hessen, hier in München zu finden, dass ich fast überhörte, wie sie verständnislos murrte: »I mogs ja ned, des trockene Zeigs.« Seitdem ist das ein vielzitierter Ausspruch bei uns zu Hause, und ich merke auch, dass sich meine Liebe für dieses trockene Zeug nicht bei allen Familienmitgliedern durchgesetzt hat.

Ofen auf 180 °C Umluft vorheizen. Die Hefe in der Milch auflösen und zusammen mit allen Zutaten zu einem lockeren Hefeteig verarbeiten. 30 Minuten ruhen lassen. Das Obst waschen, bei Bedarf entkernen oder klein schneiden und beiseitestellen.

Für die Streusel Mehl, Zucker und Butter in einer Schüssel mit der Hand mischen und zu Streuseln kneten. Den Teig auf einem geölten Blech ausrollen, mit dem Obst belegen und mit den Streuseln bestreuen. Im Ofen 40 Minuten backen. Wer möchte, kann den Obstkuchen im Anschluss noch mit Zimt bestreuen. Aprikosenkuchen veredele ich mit Lavendelblüten.

Himbeerpudding

DEN GANZEN SOMMER ÜBER *sammle ich Himbeeren und friere sie nach und nach ein, um zu den Kindergeburtstagen und Familienfrühstücken im kommenden Jahr genug Himbeerpudding kochen zu können. Inzwischen koche ich für unsere Familienfeste 1–2 Liter und muss trotzdem feststellen: Ganz gleich, wie viel da ist, es ist am Ende alles weg.*

Das Rezept ist unglaublich einfach, schmeckt verführerisch frisch und leicht, und der Pudding hat eine Farbe, die einem das Wasser einfach im Mund zusammenlaufen lässt.

Die Gelatine in etwas Wasser einweichen. Die Himbeeren in einem Topf mit dem Saft der halben Zitrone aufkochen und mit einem Stabmixer pürieren. 4–5 Esslöffel des Himbeerpürees in einen kleinen Topf geben, erwärmen und die eingeweichte Gelatine darin auflösen. Sahne, Saure Sahne und Crème fraîche unter das Himbeerpüree mischen und 4–5 Stunden, am besten über Nacht, im Kühlschrank erkalten lassen.

Für 1 Liter:

700 g Himbeeren

½ Zitrone

60 g Zucker

400 ml Saure Sahne

200 ml Süße Sahne

200 ml Crème fraîche

8 Blatt Gelatine

Feigen-Mascarpone-Tarte mit Rosmarin

FRISCHE FEIGEN AUS DEM GARTEN *gehören mit zu unserem Sommermärchen. Wir müssen nur schneller sein als unsere Kinder, denn ehe wir uns versehen, sind sie sonst von ihnen abgeerntet. Neben leckeren Grillideen und als Beigabe im Salat sind wir vor allem von diesem Rezept überzeugt.*

Für den Teig:

250 g Mehl

125 g Butter

2 EL Zucker

Für die Creme:

250 g Mascarpone

Schale und Saft einer Bio-Zitrone

80 g Zucker

Für den Belag:

5 Feigen

1 Rosmarinzweig

Backofen auf 180 °C Umluft vorheizen. Für den Teig alle Zutaten miteinander in einer Schüssel zu einem Mürbteig kneten. Auf einer eingeölten Tarteform den Teig ausrollen, 20 Minuten blind backen und auskühlen lassen.

Währenddessen die Creme zubereiten: Zitronenschale abreiben, den Saft auspressen und zusammen mit dem Zucker unter die Mascarpone rühren. Kalt stellen, bis der Tarteboden vollständig ausgekühlt ist.

Die Feigen in dünne Scheiben schneiden. Die Creme gleichmäßig auf dem Boden verteilen, mit den Feigen belegen und mit Rosmarin garnieren.

Erntefest und Kartoffelfeuer

Ernte-glück

Wenn die Sommerferien enden, beginnt für mich der Herbst. Die Tage werden wieder kühler, die ersten Herbstgemüse sind erntereif und die Zweige der Obstbäume neigen sich aufgrund ihrer schweren Last so weit nach unten, dass man Mitleid mit ihnen bekommen mag. Nach den vergangenen heißen Tagen freut man sich nun wieder über windige und neblige Tage und eine warme Suppe am Abend.

Kartoffeln, Kürbisse, Lauch und Kohl wuchern bereits in den Beeten und werden von Sonnenblumen, Zinnien und Ringelblumen eingerahmt. Tomaten, Äpfel und Birnen müssen geerntet werden. Vor unserem Haus wächst ein großer Feigenbaum, der ab September wunderbar süße, tiefviolette Feigen trägt.

Unsere Kinder freuen sich nun über Grillkartoffeln und Stockbrot am Feuer – und darauf, die Kürbisse auszuhöhlen und Grimassen in sie zu schneiden.

Für mich ist der Herbst ein wahres Erntefest und eine Zeit des Abschiednehmens und der Dankbarkeit. Denn das Gartenjahr neigt sich dem Ende, anstrengende Wochen liegen hinter mir und Tag für Tag bin ich damit beschäftigt, die Ernte einzubringen, einzufrieren oder anderweitig zu verwerten.

Kürbissuppe

HERBSTZEIT IST SUPPENZEIT. *Wenn es draußen windiger wird und man sich freut, am Abend ins Haus zurückzukehren, oder man gemeinsam mit der Familie ein Lagerfeuer anzündet, um es sich gemütlich zu machen, ist genau der Moment gekommen, um Kürbisse oder die letzten Tomaten aus dem Garten in eine herrliche Suppe zu verwandeln und zu genießen.*

1 Hokkaidokürbis

2 Zwiebeln

3 Knoblauchzehen

1 l Gemüsebrühe

200 ml Sahne

Backofen auf 180 °C Umluft vorheizen.

Den Kürbis halbieren und die Kerne mit einem Löffel herausschaben. Das Kürbisfleisch grob in gleich große Würfel schneiden. In einer Auflaufform mit Zimt, Salz, Pfeffer, Kreuzkümmel und Olivenöl vermischen und 20 Minuten auf mittlerer Schiene im Backofen schmoren lassen.

Die Zwiebeln schälen und klein schneiden. Den Knoblauch in dünne Scheiben schneiden. Einen Topf mit etwas Olivenöl erhitzen. Die Zwiebeln darin glasig braten, den Knoblauch hinzugeben und noch kurz weiterbraten, ohne dass der Knoblauch braun wird.

Den Kürbis aus dem Ofen holen und zu den Zwiebeln und dem Knoblauch geben. Mit Gemüsebrühe aufgießen und kurz aufkochen lassen. Mit einem Stabmixer pürieren. Die Sahne untermischen und mit Salz und Pfeffer abschmecken.

Sellerie mit Reis

SELLERIE UND SPITZKOHL standen lange nicht auf der Liste unserer Gemüselieblinge. Dank Yotam Ottolenghi, ohne den unsere Küche seit einigen Jahren gar nicht mehr vorstellbar ist und von dem auch die folgenden drei Rezepte inspiriert sind, wurden wir innerhalb kürzester Zeit eines Besseren belehrt.

So manchen Skeptiker hatten wir schon am Tisch sitzen, der zum Beispiel gebackenen Sellerie für einen schlechten Scherz hielt. Aber die überraschten Blicke, spätestens nach dem zweiten Bissen, bestätigen uns immer wieder, dass dieses Gericht jeden überzeugen kann. Inzwischen können wir uns ein geselligeres Essen kaum noch vorstellen. Durch die verschiedenen Schalen ist der Tisch gut gefüllt. Jeder hantiert herum, man reicht einander das Öl, das Salz, den Joghurt. Eine einfach wunderbare Lebendigkeit entsteht so am Tisch.

Beide nun folgenden Gerichte benötigen eine gute Vorplanung; zugleich sind es aber die einfachsten Gerichte, die es gibt.

2 Sellerieknollen
Joghurt
Salz und Pfeffer
Olivenöl
Basmatireis

Der Sellerie wird bei 190 °C für 3 Stunden im Backofen gebacken. Dafür wird er samt Schale, so wie er ist, auf das Blech gelegt und ins Rohr geschoben.

Mehr ist erst einmal nicht zu tun. Rechtzeitig den Reis zubereiten. Je nach Laune kochen wir ihn normal im Topf oder bereiten ihn ebenfalls im Backofen zu (Anleitung siehe nächste Seite).

Nach 3 Stunden den Sellerie aus dem Ofen nehmen und in 6 große Schnitze schneiden. Mit Reis, Joghurt, Salz, Pfeffer und Olivenöl anrichten. Am Ende bleibt die Schale übrig.

Spitzkohl mit Reis und Frischkäsecreme

2 Spitzkohlköpfe

Basmatireis

Für das Öl:

1 Chilischote

10 g Ingwer

Olivenöl

Pfeffer und Salz

4 Knoblauchzehen

Für die Creme:

300 g Frischkäse

10 g Ingwer

Saft von einer Zitrone

Das Öl erhitzen. Ingwer, Chilischote und Knoblauch klein schneiden und darin anbraten. Achtung, Knoblauch und Ingwer verbrennen schnell! Mit Salz und Pfeffer würzen und beiseitestellen. Das Öl kann für mehrere Male verwendet werden; ich fülle es in ein Marmeladenglas ab und bewahre es bis zu drei Monate im Kühlschrank auf.

Zitronensaft auspressen, den Ingwer klein schneiden und mit dem Saft und dem Frischkäse pürieren. Anschließend kühl stellen.

Den Spitzkohl waschen und vierteln. 3–4 Minuten im Salzwasser blanchieren. Währenddessen den Frischkäse auf einer Platte gleichmäßig verteilen. Die abgetropften Spitzkohlscheiben daraufgeben und mit dem Öl beträufeln. Anschließend sofort servieren.

Reis aus dem Ofen

Backofen auf 180 °C Umluft vorheizen.

In einem kleinen Topf alle Zutaten bis auf den Reis vermischen, mit 700 ml Wasser aufgießen und zum Kochen bringen. Den Reis in eine Auflaufform füllen, das kochende Wasser darübergießen und sofort mit der Alufolie bedecken. Im Backofen bei 200 °C etwa 25 Minuten lang backen. Herausnehmen und sofort servieren.

400 g Basmatireis

2 Lorbeerblätter

Schale einer unbehandelten Zitrone

2 Zimtstangen

Salz und Pfeffer

Alufolie

Ziegenkäsetarte mit Feigen

ICH LIEBE TARTES. Sie sind schnell gemacht, lassen sich gut vorbereiten, und es gibt nichts, was man nicht darauf verteilen könnte.

Seit über zehn Jahren gibt es jeden Donnerstag Gemüsetarte bei uns. Eine befreundete Mutter aus dem Kindergarten fragte mich einmal nach dem Rezept dafür und erzählte mir, dass sie sich immer freut, ihre Tochter donnerstags bei uns vom Spielen abzuholen, weil es dann in unserem Haus immer so köstlich nach Gemüsetarte riecht.

Über die Jahre hinweg haben wir herumexperimentiert. Und da es bei meiner Mutter im Spätherbst regelmäßig Roquefortkuchen gab (siehe Seite 224), suchten wir eine leichte Variante. So kamen wir zum Ziegenkäse, der mit Feigen oder Tomaten einfach himmlisch schmeckt.

Für den Teig:

400 g Mehl

200 g Butter

100 ml Wasser

Salz

Für die Käsecreme:

200 g Parmesan oder Pecorino oder beides

300 g weichen Ziegenkäse

4 Eier

200 ml Sahne

Salz und Pfeffer

Zum Belegen:

6 frische Feigen

Schnittlauch

Backofen auf 180 °C Umluft vorheizen. Für den Teig alle Zutaten miteinander in einer Schüssel zu einem Mürbteig kneten. Auf einem eingeölten Backblech den Teig ausrollen und beiseitestellen.

Parmesan und/oder Pecorino reiben. In einer Rührschüssel Ziegenkäse, Eier, Sahne, Salz, Pfeffer und den geriebenen Käse zu einer sämigen Masse verschlagen. Die Käsecreme auf dem Teig gleichmäßig verstreichen.

Die Feigen waschen, den Stielansatz entfernen und die Frucht der Länge nach halbieren. Die Feigen mit der Schnittfläche nach oben in die Käsecreme setzen.
25 Minuten lang im Ofen auf mittlerer Schiene backen. Vor dem Servieren mit dem in schmale Ringe geschnittenen Schnittlauch bestreuen.

Nudeln mit Spinat und Rosinen

EIN KLASSISCHES Nudel-Herbstrezept ist das, in dem man noch einmal die volle Power des Gartens schmecken kann. Der Spinat, frisch aus dem Tunnelbeet oder aber aus dem Tiefkühlfach, lässt noch einmal sommerliche Gartenerinnerungen aufflammen. Abgerundet wird das Rezept mit aromatischen Rosinen, die dem Gericht eine herbstliche Grundstimmung geben.

Pastarezept siehe S. 190

50 g Rosinen

200 ml Sherry oder trockenen Weißwein

1 Zwiebel

3 Zehen Knoblauch

400 g Spinat

250 ml Sahne

Parmesan

Die Rosinen in Sherry oder trockenem Weißwein einlegen und beiseitestellen.

Knoblauch und Zwiebeln schälen und würfeln. In etwas Olivenöl glasig dünsten und mit der Sahne ablöschen. Den gewaschenen Spinat hinzugeben und bei geschlossenem Deckel einige Minuten kochen lassen. Anschließend ist der Spinat in sich zusammengefallen. Wer möchte, kann ihn noch klein schneiden, ehe er ihn in den Topf gibt.

Mit Salz und Pfeffer würzen, die Rosinen aus der Flüssigkeit holen und unter die Spinatsoße mischen. Vor dem Servieren mit gehobeltem Parmesan bestreuen.

Zwetschgendatschi

WENN ZUM ERSTEN MAL im Jahr der Zwetschgendatschi auf dem Tisch steht, leuchten die Augen meiner Familie fast wie an Weihnachten. Ich denke dabei gerne an den Garten meiner Großmutter, in der ein riesiger Zwetschgenbaum stand, den wir Kinder im Herbst abernteten. Eimerweise trugen wir die blauvioletten Früchte in die Küche, wo meine Großmutter in ihrer Schütze stand und in großen Töpfen Marmelade und Kompott einkochte.

Für den Teig:

150 g Quark

6 EL Milch

6 EL Öl

75 g Zucker

Vanille

300 g Mehl

1 Päckchen Backpulver

Salz

Für den Belag:

Zwetschgen

Zimt

Backofen auf 180 °C Umluft vorheizen.

Alle Zutaten zu einem weichen Teig verkneten oder rühren. Auf einem eingeölten Backblech gleichmäßig verteilen.

Die Zwetschgen waschen, halbieren und entkernen. Mit der Schale nach oben so auf den Teig setzen, dass sich die Reihen überlappen. Im Backofen 25 Minuten goldbraun backen.

Auskühlen lassen und mit Zimt bestreuen.

TIPP: Zwetschgendatschi schmeckt auch wunderbar mit Streuseln (siehe Streuselkuchenrezept auf Seite 194). Anstelle der Zwetschgen kannst du auch Rhabarber verwenden.

Hagebuttenpudding

WIE SCHON ANGEDEUTET *lieben unsere Kinder Pudding über alles. Schokoladen-, Vanille- und Beerenpudding gibt es bei uns das ganze Jahr über. Aber im Herbst freuen sich alle über Hagebuttenpudding, mit dem man es sich wunderbar gemeinsam bei einer Tasse Früchtepunsch zu Hause gemütlich machen kann.*

Wenn wir im August in Dänemark Urlaub machen, mische ich mich oft unter die Einheimischen, die an sämtlichen Orten die Hagebutten der wild wachsenden Apfelrosen pflücken. Diese sind deutlich größer als die Hagebutten unserer Rosen im Garten, weswegen ich mir beim Entfernen der Kerne viel Zeit spare.

Die Gelatine in einer Schale mit kaltem Wasser einweichen. Sahne und Schmand in einem Topf erwärmen und dabei aufpassen, dass es nicht kocht. Den Zucker hinzugeben und alles mit dem Schneebesen gründlich verrühren. Nun das Hagebuttenmus unter die Masse mischen und den Topf vom Herd nehmen. Die aufgeweichte Gelatine aus dem Wasser holen, ausdrücken und unter die Hagebutten-Sahne-Mischung rühren.

In eine Schüssel füllen und mindestens 6 Stunden an einem kalten Ort festwerden lassen.

6 Blatt Gelatine

400 ml Sahne

250 ml Schmand

50 g Zucker

Vanille

Hagebuttenmus aus 500 g Hagebutten

Kerzenlicht und Sternenfunkeln

Stille Zeit

Schnee funkelt von den Ästen der kahlen Bäume herab, und der Waldgarten wird von einer Schneeschicht bedeckt. Rings um uns herum ist alles weiß und scheint in einen tiefen, wunderbaren Schlaf gefallen zu sein.

Die Futterplätze, die wir im Garten für die dagebliebenen Vögel eingerichtet haben, werden immer wieder angeflogen, und es gibt Nachmittage, an denen wir nichts anderes tun, als ihnen beim Aufpicken und Hin- und Herfliegen zuzusehen.

Wenn die Tage wieder kürzer werden, rücken vor allem die Abendstunden bei Kerzenschein und das gemeinsame Kochen mit der Familie in den Mittelpunkt. Sobald der erste Schnee fällt und wir einen Schneemann oder ein Iglu bauen können, hält uns natürlich nichts mehr im Haus; aber bis es so weit ist, verbringen wir die Nachmittage am liebsten mit einer Tasse Tee beim Falten von Sternen und Laternen, beim Plätzchen backen oder sitzen gemeinsam ums Lagerfeuer mit einer Tasse Punsch.

Unsere Vorratskammer ist bis obenhin gefüllt und unsere Küche wird zum Lebensmittelpunkt. Das wenige Gemüse, das noch im Garten wächst, wird erst dann geerntet, wenn es gebraucht wird. In der Küche duftet es entweder nach süßem Kuchen oder wunderbar nach lange gebackenem Gemüse. St. Martin, Nikolaus und Weihnachten sind die großen Feste, die gefeiert werden wollen und auf die sich schon die ganze Familie freut.

Sobald es zu dämmern beginnt, entzünde ich im Garten die Laternen, die auf der Terrasse stehen und in den Bäumen hängen – und die gemütlichste Zeit des Jahres beginnt.

Feldsalat mit Nüssen und Keimlingen

MIT DIESEM WINTERSALAT *holst du trotz kalter Temperaturen so viel Frische aus deinem Garten, wie das im Winter eben möglich ist. Die Keimlinge ziehe ich den ganzen Winter über im Glas, die Nüsse kommen vom Walnussbaum, der hinter unserem Haus steht, und der Feldsalat wuchs noch wenige Stunden, ehe er auf den Tisch wanderte, im Frühbeet. Der Erweiterung des Rezepts sind keine Grenzen gesetzt. Ob Ziegenkäse, getrocknete Feigen, Zwiebeln oder Zitrusfrüchte: Ich bin mir sicher, dass dieser Salat auch zu deinem Winter-Allrounder wird.*

Den Feldsalat gründlich waschen und die noch vorhandenen kleinen Wurzeln entfernen. Die Walnüsse grob hacken und die Keimlinge aus dem Glas kurz unter kaltem Wasser abspülen. Alle Zutaten in einer Schüssel vermischen.

Das Dressing in einem separaten Glas anmischen. Dazu die Knoblauchzehe zerdrücken und mit Essig, Öl, Salz und Pfeffer gründlich vermischen. Wer möchte, kann noch etwas Dijonsenf dazugeben, um dem Dressing noch mehr Schärfe zu verleihen. Das Dressing unter den Salat ziehen und servieren.

Feldsalat

Walnüsse

Keimlinge

Balsamico-Essig

Olivenöl

1 Knoblauchzehe

Salz

Pfeffer

Topinambursuppe

TOPINAMBUR IST EIN Wurzelgemüse, das den Garten im Sommer mit wunderschönen, sonnig gelben Blumen schmückt, die aussehen wie kleine Sonnenblumen. Üblicherweise wird Topinambur ab November den ganzen Winter über aus der Erde geholt. Die knubbeligen Knollen werden geschält und anschließend klein geschnitten und gekocht. Wurzeln, die nicht aus der Erde genommen werden, vermehren sich und treiben im kommenden Jahr wieder aus. Topinambur ist eine sehr robuste Pflanze, die auch gerne rund um Hühnerställe gepflanzt wird, da das Scharren der Federtiere die Pflanze in ihrem überbordenden Wachstum auf natürliche Weise eindämmt.

1 kg Topinambur

1 Zwiebel

2 Zehen Knoblauch

1 TL gemahlener Kreuzkümmel

1 l Gemüsebrühe

200 ml trockener Weißwein

200 ml Sahne

Salz / Pfeffer

Kürbiskerne

Öl zum Rösten

Die Topinamburknollen schälen; das braucht etwas Zeit. Am besten holt man sich die ganze Familie dazu an den Tisch. Zwiebel und Knoblauch schälen und in Würfel beziehungsweise Scheiben schneiden.

Olivenöl in einem Topf erhitzen, die Zwiebel darin glasig dünsten und den klein geschnittenen Topinambur sowie Knoblauch hinzugeben. 2–3 Minuten weiterdünsten und den Kreuzkümmel daruntermischen. Mit der Gemüsebrühe und Weißwein ablöschen und 30 Minuten köcheln lassen.

Dir Kürbiskerne bei niedriger Temperatur in etwas Öl anbraten und beiseitestellen.

Die Suppe mit einem Stabmixer pürieren, die Sahne untermischen und mit Salz und Pfeffer abschmecken. In den Suppenschüsseln mit den Kürbiskernen oder geriebenem Parmesan garnieren.

Roquefortkuchen mit Nüssen, Äpfeln und Trauben

ABENDESSEN BEI KERZENSCHEIN. *Lautes Gelächter am Tisch. Immer wieder werden die vollen Schüsseln und Platten hin und her gereicht. Das macht für uns ein gemütliches Essen mit der Familie aus. Am liebsten koche ich darum verschiedene Speisen, von denen sich jeder nehmen kann, soviel er will – und was er nicht will, kann er einfach den anderen überlassen. Auf diese Weise lassen sich auch geschmacklich extravagante Gerichte als familientaugliches Festessen umsetzen. Im Sommer können das die Burger sein, die der eine mit Lachs oder Thunfisch, der Vegetarier mit Falafel und der Dritte ganz üblich mit Rindfleisch isst und sich dazu die Beilagen sucht, die er eben haben möchte. Das kann aber auch Sellerie oder Spitzkohl mit Reis und Joghurt sein, dazu Salat und Hummus. Ein gelungenes Familienessen bedeutet, dass jeder etwas Leckeres findet und ganz unbemerkt auch mal von etwas probiert, um das er bisher einen großen Bogen machte. Unser heiß geliebtes Winterrezept für solche geselligen Familienessen ist dieser Roquefortkuchen. Der würzig-scharfe Käse sollte niemanden abschrecken, da er in Kombination mit den Nüssen, Äpfeln und süßen Trauben ein wunderbares Geschmackserlebnis hervorruft.*

Für den Teig:

500 g Mehl

250 g Butter

Salz

Wasser

Für die Käsecreme:

300 g Roquefort

400 ml Schmand

Pfeffer

Ofen auf 170 °C Umluft vorheizen.

Für den Teig alle Zutaten miteinander vermischen und verkneten, sodass ein Mürbteig entsteht. Auf einem geölten Blech ausrollen.

Den Roquefort klein schneiden und mit dem Schmand und dem Pfeffer in einer Rührschüssel zu einer zähflüssigen Masse verrühren, über den Teig geben und gleichmäßig verstreichen. 25 Minuten im Ofen backen.

Inzwischen die Trauben waschen, die Äpfel vierteln oder achteln. Zusammen mit den Nüssen auf den Tisch stellen. Den Kuchen nach dem Backen etwa 5 Minuten auskühlen lassen, damit die Käsemasse etwas fester wird.

Ofengemüse mit Ziegenkäse

DIESES REZEPT GIBT ES *bei uns meistens nach dem Schlittschuhlaufen oder wenn der Schneemann fertig im Garten steht. Die heißen Kartoffeln mit dem zerflossenen Ziegenkäse sind der ultimative Warmmacher an kalten Wintertagen. Zusätzlich zu dem hier vorgeschlagenen Gemüse schmecken auch Karotten, Champignons, Chicorée oder Fenchel wunderbar dazu. Wer den Ziegenkäsegeschmack nicht mag, nimmt stattdessen einen würzigen Bergkäse.*

2 kg Kartoffeln

500 g Rosenkohl

1 gelbe und 1 rote Zwiebel

4 Knoblauchzehen

250 g Ziegenkäse (Rolle)

1–2 EL Honig

Backofen auf 200 °C Umluft vorheizen.

Die Kartoffeln waschen und in Schnitze schneiden. Den Rosenkohl waschen, die äußeren Blättchen entfernen und die Röschen halbieren. Die Zwiebeln schälen und achteln. Den Knoblauch schälen und halbieren.

Den Ziegenkäse in mundgerechte Stücke bröseln.

Das ganze Gemüse in einer Schüssel mit Olivenöl, Salz und Pfeffer mischen und auf 1–2 Backblechen oder einer großen Auflaufform verteilen. Für 30 Minuten in den Backofen schieben; dabei nach 20 Minuten das Gemüse wenden. In den letzten 2 Minuten den Ziegenkäse darüberbröseln und leicht untermischen.

Nach dem Backen mit etwas Honig beträufeln und servieren.

Hokkaidokürbisse gefüllt

ZU EINEM MEINER GEBURTSTAGE *suchte ich nach einer leckeren Alternative zu all den bisher gekochten Gerichten. Klar war: Herbstzeit, das heißt Kürbisse, Nüsse, getrocknete oder gelagerte Früchte. Ausgehöhlte Kürbisse sind im Herbst ja keine Besonderheit, aber kleine ausgehöhlte Hokkaidokürbisse auf dem Teller, gefüllt mit allerlei Leckerem, was der Garten das ganze Jahr über hergab, das ist durchaus etwas. Ich entschied also, dass dies ein würdiges Geburtstagsessen ist. Seitdem gibt es die gefüllten Kürbisse häufiger.*

7 kleine Hokkaidokürbisse (je ca. 400 g schwer)

400 g Grünkern

1 ½ große Zwiebeln

150 g getrocknete Aprikosen

3 EL Mandeln

Olivenöl

Petersilie

Zimt

700 ml Gemüsebrühe

Bei den Kürbissen die Oberseite abschneiden, sodass sie später als Deckel verwendet werden kann. Die Kürbisse aushöhlen. Bei 6 davon die Unterseite notfalls so abflachen, dass sie aufrecht stehen können. Die Kürbisse nun auf ein tiefes Blech setzen oder in eine Auflaufform. Den siebten Kürbis fein raspeln und in eine größere Schüssel geben.

Den Grünkern 30 Minuten in Wasser kochen, anschließend abgießen und zum geraspelten Kürbis geben. Die eineinhalb Zwiebeln schälen, fein schneiden und in etwas Olivenöl glasig dünsten. In der Zwischenzeit die Aprikosen in feine Streifen schneiden. Die Mandeln grob hacken. Die Petersilie waschen, abzupfen und klein schneiden.

Zwiebeln, Aprikosen, Mandeln und Petersilie ebenfalls zur Kürbis-Grünkern-Mischung geben und verrühren. Mit Salz, Pfeffer und Zimt abschmecken.

Die Kürbisse mit der Mischung füllen, die Deckel aufsetzen und die Brühe in die Form gießen, sodass die Kürbisse nun in der Brühe stehen. Mit Alufolie abdecken und 30 Minuten im Backofen garen.

Spinatquiche

ICH HABE BEREITS ERZÄHLT, *dass es jeden Donnerstag bei uns Tarte gibt. Diese Variante hier ist das Fast Food unter den Quiches beziehungsweise Tartes und gehört, wie die vorne beschriebenen Pesto-Gerichte (siehe Seite 173), zu unseren »Wir-haben-keine-Zeit-zu-kochen-aber-haben-Hunger«-Rezepten. Sie garantieren einen vollen Magen und glückliche Kinder innerhalb von 30 Minuten.*

Für den Teig:

500 g Mehl

250 g Butter

Salz

Wasser

Für den Spinat:

1 Zwiebel

2 Knoblauchzehen

1 kg Spinat tiefgefroren oder frisch

200 ml Sahne

3 Eier

Backofen auf 200 °C vorheizen.

Für den Teig alle Zutaten miteinander vermischen, sodass ein Mürbteig entsteht. Auf einem eingeölten Backblech gleichmäßig ausrollen, sodass an den Rändern eine Kante entsteht.

Zwiebel und Knoblauchzehen schälen und klein schneiden; in einem Topf oder einer Pfanne in etwas Olivenöl glasig dünsten. Den Spinat dazugeben und regelmäßig umrühren. Wenn er frisch ist, entweicht ihm noch viel Wasser; dieses gegebenenfalls abgießen oder aber verdunsten lassen. Mit Salz und Pfeffer würzen. Mit der Sahne ablöschen, die drei Eier hineinschlagen und unterrühren. Auf den Teig geben und gleichmäßig verteilen.

20 Minuten backen und sofort servieren. Wenn etwas übrig bleibt, schmeckt die Spinatquiche auch kalt oder lauwarm.

Bratäpfel mit Beeren

WAS WÄRE DER WINTER *ohne Punsch und Bratäpfel? Wie könnte man ohne sie gemeinsam ums Lagerfeuer sitzen? Wie würde man sonst den Schneeflocken vor dem Fenster beim Tanzen zusehen? Und womit würde man sich nach einem langen Spaziergang aufwärmen? Zu St. Martin gibt es bei uns die ersten warmen Äpfel, mit Beeren, Marzipan und Nüssen gefüllt, zusammen mit Apfel- oder Beerenpunsch.*

6 Äpfel, Boskop

100 g Marzipan

Brombeeren und Himbeeren

Haselnüsse

Zimt

Den Backofen auf 150 °C Umluft vorheizen. Die Oberseiten der Äpfel abschneiden und beiseitelegen. Sie werden später wieder als Deckel daraufgesetzt.

Nun das Kerngehäuse mit einem Apfelentkerner entfernen, mit einem Messer noch etwas mehr vom Fruchtfleisch herausschneiden und ebenfalls beiseitelegen. Anschließend die ausgehöhlten Äpfel auf ein Backblech stellen. Marzipan und das herausgelöste Fruchtfleisch klein schneiden, die Nüsse grob hacken. Abwechselnd werden die Äpfel nun mit Marzipan, Apfel, Beeren und Nüssen gefüllt.

Für 15 Minuten im Backofen backen. Mit Zimt bestreuen und sofort essen.

Früchtepunsch

2 l Wasser

Hagebuttentee

½ l Holundersaft

½ l Apfelsaft

3 Zimtstangen

1 TL zerstoßene Nelken

1 Orange

Das Wasser kochen und den Hagebuttentee damit aufsetzen. Die Orange in Scheiben schneiden, mit den Gewürzen in den Tee geben und 20 Minuten köcheln lassen. Holunder- und Apfelsaft dazugeben und aufkochen.

TIPP: Wer den Punsch etwas süßer mag, gibt noch 2–3 EL flüssigen Honig dazu.

Anhang

SAATGUT-ADRESSEN

Dreschflegel
Postfach 1213
37202 Witzenhausen
05542-502744
info@dreschflegel-saatgut.de
www.dreschflegel-saatgut.de

Samenfest
Erica-Sinauer-Straße 10
79111 Freiburg
0761-2142812
info@samenfest.de
www.samenfest.de

CULINARIS
Thiegasse 5
37124 Rosdorf
0551-30964745
info@culinaris-saatgut.de
www.culinaris-saatgut.de

Internet-Adressen

wilderjagarten.de
allmende-waldgarten.de

LEKTÜRETIPPS UND QUELLEN

Anne-Marie Nageleisen
Gärtnern im Quadrat – Das Praxisbuch. Ulmer, Stuttgart 2016

Robert Adrian de Jauralde Hart
Forest Gardening (dt. Titel Die Wald-Gärtnerei, leider vergriffen). Green Books, Cambridge 1996

Marie-Luise Kreuter
Der Biogarten. BLV, München 2019
Natürlich gärtnern & anders leben. Erscheint alle 2 Monate beim OLV Verlag, Kevelaer

Yotam Ottolenghi
Flavour. Dorling Kindersley Verlag, München 2020

Yotam Ottolenghi
Nopi. Dorling Kindersley Verlag, München 2015

Margit Rusch
Anders gärtnern – Permakultur-Elemente im Hausgarten. Ökobuch, Freiburg im Breisgau 2016

Patrick Whitefield
Das große Handbuch Waldgarten. OLV Verlag, Kevelaer 2011

Barbara Rütting
Mein Kochbuch. Goldmann Verlag, 1995 (vergriffen)

REZEPTREGISTER

DANKE

BEDANKEN MÖCHTE ICH MICH bei folgenden Leuten, die mir in der Vorbereitung und während des Schreibens dieses Buches die entscheidenden Impulse gaben:

Armin Hultzsch, der fast jeden Freitag zum Abendessen zu uns kommt, Christina Joost, die weiß, wie man im Garten ein natürliches Chaos schafft, Heiner Gräser, unser früherer Nachbar, dem ich als Kind schon bei der Gartenarbeit zusah und der den tollsten Pfirsichbaum im Garten stehen hatte, Waltraud Spreter, meine Großmutter, die einen wunderbaren Garten hatte, Michael Spreter und Konstanze Schule-Wolf, meine Eltern, die mir von klein auf vormachten, wie und warum man einen Garten anlegt, und mein Bruder Philipp Spreter, der immer für einen Garten-Schnack zur Stelle ist, und bei meinen Kindern Josephine, Rosalie, Gustav und Helene Müller, die ein Jahr lang Fotoshootings über sich ergehen ließen und geduldig ertrugen, dass es beinahe ausschließlich um unseren Garten ging.

Für das intensive und kritische Lesen des Manuskripts danke ich vor allem zwei Menschen: Daniela Hannig, meine langjährige Freundin, die meine Texte immer als Erste liest, und meinem Lektor Jürgen Teipel.

Für ihre große Unterstützung bedanke ich mich bei Anja Sommerfeld und den vielen engagierten Mitarbeitern des Knesebeck Verlags, die zur Entstehung dieses Buches beigetragen haben.

Laura Sophia Müller

IMPRESSUM

Deutsche Originalausgabe
Copyright © 2023
von dem Knesebeck GmbH & Co. Verlag KG, München
Ein Unternehmen der Média-Participations

Projektleitung: Anja Sommerfeld, Knesebeck Verlag
Lektorat: Jürgen Teipel, Schondorf
Gestaltung und Satz: Bernd Müller, grafikcafé
Herstellung: Arnold & Domnick, Leipzig
Druck: DZS Grafik
Printed in Slovenia

ISBN 978-3-95728-695-6

Alle Rechte vorbehalten, auch auszugsweise.

www.knesebeck-verlag.de

FSC
www.fsc.org
MIX
Papier aus verantwortungsvollen Quellen
FSC® C106600